党员为什么这么帅

榜样的力量
我来讲

朱　　涌（阿涌叔叔）
朱丁相如（丁丁哥哥）　主编

山西出版传媒集团　　山西人民出版社

图书在版编目（CIP）数据

榜样的力量我来讲 / 朱涌, 朱丁相如主编. —太原:
山西人民出版社, 2024.1

ISBN 978-7-203-12947-9

Ⅰ.①榜… Ⅱ.①朱…②朱… Ⅲ.①中国共产党—
模范共产党员—先进事迹—青少年读物 Ⅳ.①D263-49

中国国家版本馆CIP数据核字(2023)第123979号

榜样的力量我来讲

主　　编：朱　涌　朱丁相如
责任编辑：孙宇欣
复　　审：李　鑫
终　　审：梁晋华
装帧设计：集贤文化

出 版 者：山西出版传媒集团·山西人民出版社
地　　址：太原市建设南路21号
邮　　编：030012
发行营销：0351—4922220　4955996　4956039　4922127（传真）
天猫官网：https://sxrmcbs.tmall.com　电话：0351—4922159
E—mail：sxskcb@163.com　发行部
　　　　　sxskcb@126.com　总编室
网　　址：www.sxskcb.com

经 销 者：山西出版传媒集团·山西人民出版社
承 印 厂：河北赛文印刷有限公司

开　　本：710mm×1000mm　1/16
印　　张：9.5
字　　数：100千字
版　　次：2024年1月　第1版
印　　次：2024年1月　第1次印刷
书　　号：ISBN 978-7-203-12947-9
定　　价：48.00元

如有印装质量问题请与本社联系调换

写在前面的话

最近，为庆祝中国共产党百年华诞，在孕育了张謇企业家精神，并被誉为"中国近代第一城"的江苏南通，有一群优秀的少先队员组织起来，用宣讲的方式向大人和同龄人分享他们眼中共产党员的先锋模范事迹，用童心唤起初心，用童言讲好党的故事。这就是由"江海少年通讯社·江海少年报告厅"的少先队员组成的"共产党员为什么这么帅"江海少年宣讲团。

他们在南通团市委的领导和支持下，由总辅导员朱丁相如（丁丁哥哥）带领学党史、学党章、学队章，利用课余时间寻访优秀党员，将采访稿件及时在中国少先队队刊《辅导员》杂志连载，并根据宣讲要求，结合自己的成长经历，独立撰写3500字左右的宣讲稿。他们走进机关、企业、社区和校园，脱稿讲述少先队员眼中共产党员的故事，表达他们对党的热爱、对党员的仰慕之情。

这群优秀的少先队员，他们小小年纪就当编辑、做记者，从寻访、组稿、编辑、校对到《江海少年通讯》正式送达读者，全部独立完成。他们个个知识丰富，采访业务驾轻就熟。这群优秀的孩子就是体验式教育专家阿涌叔叔带领的江海少年通讯社的小记者们，由他们创立的江海少年爱心小使者团、江海少年报告厅、阿涌叔叔系列主题训练营等已成为全国少先队活动品牌。就连小记者们创办的少先队教育新栏目《江海少年说新闻》《中国少年开讲》《阿涌叔叔教育书场》《寻访擎旗人》《红领巾主播》也已上线向全国播出。

江海少年报告厅成立于2008年，是在南通团市委、市少工委的领导和支持下，由江海少年通讯社的少先队员们运用体验式教育专家阿涌叔叔的教育理念，自己创办并管理的一所面向社会的开放式少儿讲坛。它会定期组织由少年儿童自己做主讲人的报告会，并带领他们结合自己的成长经历给中小学校师生、高校师生及社区街道、党政机关、企事业单位等作报告。

这次，江海少年宣讲团的红领巾宣讲员们为了找到"共产党员为什么这么帅"这个问题的答案，便从身边的共产党员入手，展开了一系列的寻访活动。

"共产党员为什么这么帅？带着这样的问题，我们认真学习了中国共产党党史，翻阅了中国共产党章程，当读完党章，我们忽然明白了其实党章里就写了五个字，那就是：为人民服务！"这是江海少年通讯社12岁的小总编吴玎宸在江苏银行南通分行做宣讲时，分享着她的发现。

储百川来自南通师范第二附属小学四（5）中队，他找到南通市崇川区人民法院的法官陈美阿姨。"审理案件前，陈阿姨会认真审阅每份卷宗，详细了解案件过程，不放过任何一个细节。忙完工作,她还到学校给我们讲和未成年人有关的法律知识。"

南通师范第一附属小学二(18)中队的费凡,有位当电力高级工程师的爸爸。他说:"我发现,哪里报出电力问题,爸爸都会第一时间赶去处理,始终把万家灯火的事儿放在心上。"

从医生到老师,从法官到社区书记,从车间工人到环卫工人……寻访的党员越多,答案也越清晰。

南通市城西小学五(2)中队的乔千朗在宣讲时,总会告诉大家:"党员为什么这么帅?因为我们的民族就是这么'帅'!当我寻访的党员楷模越多,我就越发觉得这个世界上没有天生的英雄,更多的是这样不忘初心、牢记使命、心系人民的普通人。他们都是一颗颗星星,闪烁着微小而坚定的光芒,当这些光汇聚在一起时,那就是一条浩瀚的银河。我相信,只要我们每个人都贡献出自己的力量,那么,将这些力量集中在一起,就一定是坚不可摧的。"

"有一次,我摸到北京残奥会亚军陈山勇叔叔胸前的徽章，问他这是什么呀？他告诉我，这是党员徽章，是为人民服务的标志。"南通市特殊教育中心的8岁盲童陈梓奕上了讲台。虽然看不清这个世界，但他用心讲述的党员故事，赢得了现场阵阵掌声。梓奕在江海少年宣讲团影响下，加入了这个"行走的宣传队"。

这群小伙伴寻访优秀党员故事，在《辅导员》杂志上连载；来到南通大学马克思主义学院给大学生、老师宣讲，院长王明华伯伯点赞"这是党史学习教育手拉手的创举！"；走进南通海关为"国门卫士"讲述，海关总署在官网做了专题报道。就这样，一个人带动了另一个人，一群人影响了无数人。

"共产党员为什么这么帅"江海少年宣讲团还应南通市委统战部的邀请，给来自全市各地的100多名无党派人士、新的社会阶层人士代表讲述身边党员故事。"江海少年宣讲员们，给我们上了一堂别开生面的党课。他们用宣讲的方式向大人分享他们眼中共产党员的先锋模范事迹，用童心唤起初心，用童言讲好了党的故事。"南通市委统战部相关领导听完宣讲后，给予了充分肯定。参会的无党派、新的社会阶层人士代表也纷纷表示："少先队员讲述共产党的党员故事，让我们感受了什么是共产党员的帅，更体会到了要向优秀共产党员学习！"

寻访到的故事，怎么才能讲好呢？南通市唐闸小学四（5）中队的袁宇祥最有心得："改稿子要一遍一遍，不厌其烦；背稿子要认认真真，熟能生巧。想要蒙混过关？骗不了别人，更骗不了自己！"

话匣子一打开，宇祥就停不下来："上台了，首先要自信，告诉自己'你可以的'，不然讲话时容易磕磕绊绊。"他还提醒，得注意表情管理，要是站在台上全程板着脸，跟个"木头人"似的，会让听众觉得不舒服，当然也就不会专心听讲了。

这些经验，都是他在一次次宣讲中"磨"出来的。

最近，"'共产党员为什么这么帅'江海少年巡回宣讲"活动，在中国少年儿童新闻出版总社组织全国少先队开展的少先队庆祝中国共产党成立100周年活动"红船引领红领巾，红色基因代代传"中荣获十佳少先队党史学习教育活动案例，被评为特等奖。《中国少年报》《中国儿童报》《中国青年报》《中国青年作家报》分别报道了江海少年宣讲团寻访和宣讲优秀共产党员事迹的经历。

"共产党员为什么这么帅"江海少年宣讲团的32名红领巾宣讲员，由江海少年通讯社8到12岁的少先队员组成，至今已圆满完成宣讲任务21场次，共计6120多人次参与了活动。根据体验式教育专家"阿涌叔叔"（朱涌）的提议，南通海关还聘请他们担任南通海关党史学习教育基地"红色宣讲员"志愿者，用自己的方式讲好党的故事、革命的故事、英雄的故事。

迄今为止，江海少年报告厅的红领巾宣讲员们已在北京、南通、南京、镇江、泰州、武汉、上海、苏州、攀枝花、德阳、西安、宝鸡、重庆、广州、深圳等地作"爱心的力量""成长的力量""让咱爸咱妈积蓄成长的力量""创业的力量""特殊教育论坛""全国少代会精神传达""红领巾宣讲十九大精神""社会主义核心价值观""教你做最优秀的青年""党员为什么这么帅"等报告440余场，听众逾11万人次。充分发挥了少年儿童宣讲在社会主义文化建设中的重要作用,被誉为"南通新文化现象"。

阿涌叔叔(朱涌) 丁丁哥哥(朱丁相如)

孩子该成为什么样的人："江海少年"探寻的启示

"共产党员为什么这么帅？""江海少年"——一群红领巾出自纯真童心的探寻，答案让人们倍加温暖、倍受感动。人们看到的是一棵棵幼苗在阳光下拔节成长。

"共产党员为什么这么帅"，这是孩子们的探问，也直抵每个成年人的心底，让你思考、盼你回答。读"江海少年"的一篇篇演讲稿，会给你许多启示。

"共产党员为什么这么帅"，孩子们的探寻与感悟，首先让我们想到，我们的孩子应该成为什么样的人。

"我们是共产主义接班人",这是孩子们经常唱起的队歌;"培养社会主义的建设者与接班人",这是我们的教育方针与培养目标。何谓接班人?如何成为接班人?"江海少年"让我们明白,少年儿童是祖国的花朵,是民族的希望,也是党的未来。接班人首先要知党爱党,从小对党就有朴素感情,立下向共产党员学习、立志长大加入共产党做先锋的志向。孩子成长要走正道,必须保持正确的成长方向。"江海少年"告诉我们,从小听党话,跟党走,就是我们这个时代的少年应该坚持的政治方向。热爱党、热爱祖国是"大德",是少年儿童全面发展的核心和灵魂。思想政治的启蒙必须从小抓起,"江海少年"的成长应该是广大少年儿童努力的方向。

"共产党员为什么这么帅","江海少年"的探寻让我们的学校教育和少先队教育也受益良多。

它除了启示我们,我们的教育目标、教育内容要突出思想政治引领,全面加强思想政治教育;同时也启示我们进行少年儿童思想政治教育,实践教育是我们必须遵循的原则。

生活即教育、社会即课堂，处在百年未有之大变局、中华民族走向伟大复兴的新时代，我们的教育要善用"大思政课"，一定要跟现实结合起来。我们要把教育融入火热的社会实践的大背景中，善用身边的红色教育资源。同时在教育方法上，不能只停留在一般性的被动式的说教灌输，更要倡导像"江海少年"这样的实践体验。让孩子们去社会实践中探寻，去进行心与心的沟通、情与情的交流，从榜样的激励中，萌生政治理念，激发政治情感，树立政治信仰。社会化、实践化的教育，正是现代教育的真谛。

"共产党员为什么这么帅"，这也是"江海少年"给我们所有成年人提出的一道人生思考题：我们成年人能否成为孩子们的榜样，如何做孩子们的榜样？

"江海少年"采访的绝大部分是身边的党员，但共产党员的精神映照在孩子们的心中却是亲切又崇高，这样的榜样可敬、可亲、可信、可学。坚守理想、对党忠诚，热爱祖国、奉献人民、爱岗敬业、艰苦奋斗，孩子们从这些优秀共产党人的身上悟出了党的初心，理解了伟大建党精神，读懂了党章的深刻含义，明白了"为人民服务"是共产党人的崇高宗旨。耳濡目染成年人的优秀，必然促进孩子们的健康成长。家庭是孩子的第一个课堂，父母是孩子的第一任老师。包括家长在内的每一个成年人，要时时处处给孩子做榜样，用正确行为、正确思想、正确方法教育引导孩子——而这也是"江海少年"所采访的那些优秀共产党人给予我们的榜样力量。

"共产党员为什么这么帅"，"江海少年"也给我们的校外机构提供了一种示范：少年儿童校外教育应该做什么？"江海少年"告诉我们，校外培训不能只盯着学科教学，只做才艺培训，必须坚持正确的政治方向，注重思想政治教育。当前"双减"，给校外教育提供了更广阔的天地，也期待开创校外教育的新局面。

培养什么人、怎样培养人、为谁培养人，这是新时代教育的根本性问题，感谢"江海少年""共产党员为什么这么帅"的探寻在这一根本性问题上给我们以丰富的启示。

春风化雨，愿我们的孩子们日后如他们如愿，也能成为"那么帅"的人，更愿我们每个成年人也都能够成为孩子们心目中"那么帅"的人。

(作者为中国少先队工作学会副会长,

江苏省少先队原总辅导员)

目　录

01 优秀的共产党员 ………………………… 1

02 我们身边的"帅"党员 …………………… 9

03 向党员学习 ……………………………… 17

04 共产党员为什么这么好 ………………… 23

05 身边的党员激励我们成长 ……………… 30

06 共产党员为什么这么美 ………………… 37

07 致敬榜样，做更好的少年 ……………… 44

08 党员为什么这么帅 ……………………… 50

09 优秀党员对少先队员的影响 …………… 56

10 绿茵场上的生命之光 …………………… 62

11 劳动果实最甜美 ………………………… 65

12 我心中的楷模 …………………………… 71

13 以榜样为镜，做最优秀的少年 ………… 78

14 党员给了我披荆斩棘的力量 …………… 85

15 乐于助人，让我更有爱 ………………… 93

16 优秀党员让我有成长 …………………………………… 99

17 不怕困难,迎难而上 …………………………………… 105

18 共产党人指引我向前行 ………………………………… 113

19 共产党人精神谱系带给我的启示 ……………………… 119

20 优秀党员给我的力量 …………………………………… 125

01　优秀的共产党员

吴玎宸（12岁）

1921—2021年，栉风沐雨，百年时光，从石库门到天安门，从兴业路到复兴路，百年大党继往开来再出发……对于我们少先队员来说，非常想知道"共产党员为什么这么帅"。一个政党能够历经百年而屹立东方，能够带领十四亿华夏儿女振兴中国梦，能够让我们这些祖国的花朵茁壮成长！带着这样的问题，我们翻阅了党章，当读完党章时，我们忽然明白了，其实党章里就写了五个字，那就是："为人民服务"！

党员，意味着什么？是一种荣誉，优越感，政治身份，政治资本？我想说的是"No"。它，意味着要为党和人民的利益不怕吃亏；意味着比群众多挑重担，多做贡献；意味着对自己严格要求，意味着一种奋进精神。它，更意味着对事业要有高度责任感，要肩负建设有中国特色社会主义的历史任务，要成为党联系群众的桥梁和纽带。

所以，在我眼中，党员这个称谓，更多的是一种责任意识、服务意识、大局意识、使命感、原则性以及利他主义的凝结体。

在我身边就有很多这样的共产党员，我尊敬他们，敬仰他们，关注他们的一言一行，希望能通过自己的努力变成像他们一样优秀的人。

就拿我最熟悉的南通特殊教育中心的张燕老师来说吧，她就是一个有着服务意识的人。她经常利用周末的时间来陪伴盲童，还坚持参加每两周一次的"江海少年爱心小使者在行动"活动，和我们一起陪伴盲童小伙伴健康成长。

张燕老师总是用心倾听盲童讲述自己成长中遇到的烦恼，及时帮助他们找到解决问题的方法，让他们感受到被关心的温暖。她一遍遍地教他们梳头、穿衣，从不嫌麻烦，也不喊苦叫累。盲童们都亲切地称她"大姐姐"。

问起张燕老师为什么能做到这些,她告诉我:"作为一名共产党员,要有爱心,更要有责任心。"她尽全力去爱这群特殊的孩子们,给予他们更多的温暖和希望。

是的,有爱心就是党员身上的优秀品质。你的举手之劳,往往能温暖人心,让你身边的人变得更加幸福。

我记住了张燕老师的话。在后来的一次"爱心活动"中,我带着自己用零花钱买的饼干来到现场。辅导员丁丁哥哥看到了我的举动,轻轻点了点头,说"等会儿你就发给大家吧"。当我把一袋袋小饼干发给小伙伴的时候,看到他们脸上洋溢着的微笑,我也开心极了。

看,给小伙伴带点零食,这是一件微乎其微到简直不值一提的小事情,但是它的价值却一点不小,因为它温暖了一群人的心。

爱的力量不一定是惊天动地的,但一定是真情满满的。党员们带领老百姓脱贫致富,从不叫苦喊累,这是为什么?因为他们爱党、爱人民。虽然我们不能去献多大的爱心,但是可以从身边做起,温暖身边的每一个人。

说到身边人,我就想起了我的妈妈,她也是一名优秀的共产党员。她就职于南通市自然资源和规划局。因为工作的原因，妈妈和她的同事还有一个身份，就是"河小青"的一员。

她和同事总是在平时处理好日常工作后，去河岸两边捡拾人们丢掉的食品包装袋、果皮等，还热情地向居民们宣传护河知识等，帮助大家了解保护河道环境的重要性，增强他们的环保意识，共创绿色家园。居民们都叫她"河道长"。

我的妈妈就是这样一位每天忙碌着为他人服务的党员。

妈妈不管是在工作时，还是与人沟通时都会为他人着想，总是从他人的角度去看事情、想问题。如果是老百姓有需求，她一定会立刻去处理，造福一方百姓。

这不由让我联想到我们的爱心活动。我们江海少年爱心小使者团的小使者们，每间隔一周的周三都会去南通市特殊教育中心献爱心。虽然我们不敢说这是为大众服务，但是却是实实在在给这群特殊的小伙伴带去了欢乐，让他们变得更加开朗、自信，有着和我们一样美妙的童年。

记得有一次，我被安排到一个比较内向的小女孩儿身边，无论我怎么说，她都一声不吭，但是我没有放弃，而是继续和她讲我的校园生活，以及我和同学之间发生的有趣的事儿。一开始，只有我在讲，到了后来，她便会适时插一两句话。到了最后，她和我一起开怀大笑起来。这其实也是一种为人民服务的方式——让阳光洒进他们的心灵，让他们变得和普通人一样，有着一颗积极向上的心。

我要以自己所能帮助身边的人，这样不但被帮助的人会暖心，我也会很开心。

其实，一个人想要帮助别人，想要做到为人民服务，都离不开心中的那份爱，更少不了一颗公益心。

我就认识这样一位党员，她不仅自己经常献爱心，把公益当成生活中的一部分，还教导她的孩子也去献爱心，她就是我们江海少年爱心小使者团团长黄芊悦同学的妈妈。

黄芊悦的妈妈是一名美丽的共产党员。她是在大学四年级的时候加入中国共产党的。她从开始工作的那一天起，就吃苦在前，享受在后，克己奉公，多做贡献。

因为一个偶然的机会，她接触到了中国儿童少年基金会发起实施的致力于改善贫困家庭女童受教育状况的"春蕾计划"公益项目，在经过一番了解之后，就开始资助这个公益活动了。她经常是每隔几个月就汇款到南京市妇联，然后让他们转给"春蕾计划"组织。这是因为她认为接受教育对女孩子是尤为重要的，是能帮助女孩子改变自己命运的，能够让女孩做命运的主人。她觉得自己作为一名党员，有义务帮助这些女孩子，让他们自己成为自己命运的主宰者。

作为党员，她还认为传承中国共产党的精神，让少年儿童理解加入少先队的意义，热爱祖国、与少数民族友好相处是尤为重要的。所以当黄芊悦在南通师范第一附属小学上一年级要加入少先队的时候，她帮忙联系伊宁第一小学的一个同年级的班级，与黄芊悦所在的班级结为友好班级。通过她的努力，黄芊悦和同学们知道了，在中国，在共产党的领导下，不同地区、不同民族的小朋友都是共产主义事业的接班人。

在平常的工作和生活中，她总是主动去帮助别人，还很信任别人，愿意为别人献出自己的一份爱心。

她时刻提醒自己，要不忘初心，不忘记自己在加入中国共产党时的誓言。

有这样优秀的党员阿姨，我很自豪，于是我暗暗下定决心要以她为榜样努力学习，掌握更多的本领，未来更好地为人民服务。

共产党员们都有一个目标，为人民服务，造福他人。

这种坚持是很宝贵的，而且会取得令人意想不到的结果。我刚当上江海少年通讯社的总编时，以为当总编很轻松，可是后来才发现我的这一想法大错特错。

作为一名总编，我必须做好每一件事情，不能让别人觉得我是徒有虚名。我必须付出更多的精力和时间，要比别人做更多思考和努力。前不久，为了江海少年通讯社招考小记者的事情，我忙得焦头烂额，可就是这样，还是出现了许多的问题和做得不对、处理得不恰当的地方。例如我为了扩大招考的知晓度，准备借用学校广播站进行广播，结果因为自己没有把江海少年通讯社是什么说清楚而被辅导员拒之门外，我也因此受到了阿涌叔叔的严厉批评。当时，我整个人都在发蒙，那时的状态可以用"压力山大"这四个字来形容。可是，我并没有因此放弃，因为我是总编，是江海少年通讯社所有小记者看齐的榜样，这样的苦是我必须吃的，所以，我十分感谢阿涌叔叔给我的"当头一棒"。

从吃苦这一点来说，我远远不及那些党员。他们是人民所信任和敬佩的人，是承担建设祖国重任的人，所以，他们一直坚守在自己的岗位上，即使吃的苦比普通人多上许多，他们还是毅然坚持着。这是为什么呢？因为他们爱党爱人民，因为他们有着一颗为人民服务的心。

正是有了他们，我们的祖国才能繁荣富强。而这千千万万的中国共产党党员，就是今年南通市中考作文题"有一束光，照亮我的世界"的真实写照。他们凝成一束光，照亮了每一个人的生活，照进了每一个人的心中。这束光在我心中难以磨灭，令我永生铭记。虽然我现在只是一名少先队员，但是我会以他们为目标，努力像他们一样优秀。我虽然不是党员，但是我可以学习党员的优秀品质，像他们一样拥有一颗为人民服务的心。长大后，也成为这束光中的一分子，为人民服务，以梦为马，不负韶华！

02　我们身边的"帅"党员

乔千朗（11岁）

在南通有一位家喻户晓的好爷爷、帅党员，他就是"磨刀老人"——吴锦泉爷爷。

吴爷爷出生于1929年，是一名有着60多年党龄的耄耋老人。从入党那天起，他就牢记共产党员全心全意为人民服务的使命努力工作。退休后，他重拾小时候学过的磨刀手艺，每天骑着一辆旧自行车，走街串巷为人们磨刀。他磨一次剪刀收五角或一元钱，一天下来多的时候也不过挣个十块、八块。虽然吴爷爷的生活不富裕，但是他乐善好施，把磨刀挣到的钱全部捐给了需要帮助的人。不少人不理解他的行为，劝他不要过于劳累，要注意休息，保重身体。面对大家的关心，吴爷爷总是微微一笑说："一个人的力量有限，但有需要我的地方，我就会献出自己的微薄之力。"

2015年底，吴爷爷当选"2015年感动中国人物"。当人们问起他最大的心愿是什么时，他回答："我要捐款捐到90岁，活到老，磨刀到老，捐钱到老。"

吴爷爷用自己的实际行动影响着更多的人，汇聚着正能量。

刀剪越磨越亮，照见皱纹，照见梦想；吆喝渐行渐远，一摞摞硬币，带着汗水，沉甸甸称量出高尚。

这样的党员帅不帅呢？帅！

在我眼中，不光是吴爷爷帅，还有一位从事教育行业许多年的施建名伯伯也很帅。

施伯伯说作为共产党员一定要有明确的人生目标，要承担责任，有什么事都要冲在前面。

施伯伯自从参加工作以来，通过自己的不断努力带动着身边的人，影响着身边的人。施伯伯一直坚信人要有担当、有责任，要扎扎实实做事。

近年来，施伯伯一直热心公益事业。他不光给陕西省汉中市留坝县的十多所学校的三百多名中小学生送去温暖，还个人出资十余万元资助青海省循化县尕（gǎ）楞乡洛哇村幼儿园，使那里的小朋友有学可上。除此之外，施伯伯在注重儿童智力培训的同时，还会带着团队里的人一起做各种公益活动，使更多的人受益。

施伯伯一直以民族企业家张謇为楷模，在"知识改变命运"的旗帜下，争做教育达人。在教育的道路上积极创新，不断开拓。

感受着施伯伯的奉献足迹，我不由得感叹，其实榜样的力量就在我们身边，他们心怀忠诚，行有方向。翻开他们的事迹，一系列优秀共产党员的样子便很快浮现在眼前。

其实，在帅气面前，是不分男女的，除了男性共产党员帅气之外，女性共产党员同样帅气。我就认识一位又美又帅的共产党，她就是传递温暖的公益人——顾娌娌。

顾娌娌阿姨每天下班后，都会来南通欣欣然亲子俱乐部的红书房。在这里，她不仅为贵州省黔东南苗族侗族自治州从江县高增乡占里村结对帮扶的孩子们筹备课外读物和学习用品，还通过电话或QQ的方式，教孩子们怎么根据自己的年龄选择课外图书，以及一些有效的阅读方法。鼓励他们勤奋学习、掌握本领，长大后为建设家乡出一份力。

顾阿姨做这件事情已经五年多了。虽然有时她也会感到疲惫，但是当她得知被帮助的孩子们取得了优异成绩、快乐成长时，她觉得再忙再累也是幸福的。这也让我对共产党员有了更深入的认识——他们的忙碌是为了让他人感受到温暖和力量。他们真帅！

典型本身就是一种强大的力量。顾阿姨、施伯伯、吴爷爷他们都是我们这座城市里的普通人，可是平凡如他们，却将对党和人民的忠诚根植于心、融入血液，用坚定的信念全心全意为人民服务。

关于"帅"，我想，我从他们身上找到了答案。

党员为什么这么"帅"？"帅"在他们都是用一生来诠释共产党员心中有党、心中有民、心中有责！共产党员树立起来的"对党忠诚、信念坚定"的样子怎能不帅呢？

虽然我才是一名小学生，自己拥有的能力和力量也都有限，目前也没有什么特别的大爱之举，但是我就是想像他们一样帅。所以，在日常生活中，我这颗向往发光发热的心，早已因为身边这些鲜明、帅气的榜样而发亮。

我们可以做一些力所能及的爱国为民的小事。作为学生，或许教室内一次主动承担的清扫；放学后一次替父母的按摩解乏；人行横道旁做一回志愿者协助指挥交通……这些动人的瞬间，都将成为心有大爱的一抹底色。这抹底色，让我想起了生活中的许多经历，而令我感触最深的，还是爱带来的幸福。

在南通，就有这样的幸福，它是一个坚持了15年的活动，它的名字就是"江海少年爱心小使者在行动"，它又被阿涌叔叔和他的孩子们亲切地称为"爱心课堂"。

很荣幸的是，我在2019年的下半年加入这个团队，成为一名"爱心小使者"。我会和其他小伙伴一起，准时到南通特殊教育中心参加每两周一次的"爱心课堂"。

我们的"爱心课堂"是围绕着"读一期报纸，玩一个游戏，讲一个自己的成长故事，交一个快乐的朋友，写一篇优秀的文章"来开展的。我们会与特殊教育中心的小伙伴进行交流，了解他们的生活、学习情况，寻找他们身上的闪光点，发出由衷的赞叹。

一开始，我是既害怕又紧张的。因为我是从来都没见过特殊教育中心的，于是就想当然地认为这里的小朋友不仅是缺胳膊少腿的，就连长相也很吓人的，性格更是比较奇怪的。可是当我真正进入活动地点，亲眼见到他们的那一刻，我才知道自己错得有多离谱了。当我开始和我脑海里臆想的那些"古怪"的孩子们聊天时，我发现，整个氛围竟是那般的轻松愉快。

通过交流，我发现这里的小伙伴们虽然身有残疾，但是却意志坚强，他们用微笑来面对每一天。尽管他们有的人看不见五彩斑斓的画面，有的人听不到美妙动听的声音，但是他们却从没放弃过对知识的渴求，总是如饥似渴地汲取知识。他们能做到生活自理，有的小伙伴的能力甚至比我们健全人都强……在和他们一起游戏、一起打闹的过程中，我也看到了自己的不足，学到了很多优秀的品质，比如：乐观、开朗、坚强、坚持……

参加过这个活动的小使者们都知道《让我们一起成长》这首歌。歌词是这样的：我们一起生活在蔚蓝的天空下，拥有一样灿烂的阳光，我们来自同一个美丽的世界，拥有一样多彩的梦想。我们也会迷失方向，我们也有困难险滩。让我拉着你的手，让你拉着我的手，我们一定有成功的希望。让我们一起长大，一起成长……这是我们爱心活动的真实写照，每当唱起这首歌，我都能真切地感受到"予人玫瑰，手有余香"。或许，这就是来自我们少先队员的爱的力量！

我现在虽然只是一名少先队员，但这一光荣的称号已让我和党、和人民、和奉献，紧紧联系在一起。所以，我要从小学先锋、长大做先锋，努力让自己在不久的将来成为一名思想正、品行帅的共产党员。

每逢周六的阿涌叔叔表达训练，我和小伙伴都会诵读梁启超先生所书写的一段话："少年强则国强，少年独立则国独立，少年自由则国自由，少年进步则国进步……"以前，我并未有过多的深思，但是自从我认识了顾阿姨、施伯伯、吴爷爷等共产党员之后，我对这段话有了更深的领悟。作为新时代的少先队员，我们应牢记自己的职责和使命，传承中国梦，奋发图强，为祖国美好的明天而努力学习。

党员为什么这么"帅"？因为我们的民族就是这么"帅"！当我对照的楷模越多，我就越发觉得这个世界上没有天生的英雄，更多的是像顾阿姨、施伯伯、吴爷爷这样不忘初心、牢记使命、心系人民的普通人。他们是一颗颗星星，闪烁着微小而坚定的光芒，当这些光汇聚在一起时,那就是一条浩瀚的银河。我相信,只要我们每个人都贡献出自己的力量,那么,将这些力量集中在一起,就一定是坚不可摧的。

一个有希望的民族不能没有榜样,一个有前途的国家不能没有先锋。让我们学习榜样、汲取力量,不要问"党员为什么这么帅",党员就应该这么帅!

03　向党员学习

袁宇祥（10岁）

党员是什么？党员是政党的成员，是赞同某党的纲领和政策，遵守党章，志愿加入该党的成员。

在我国，能加入中国共产党的人都是热爱国家、热爱本职工作的先进分子，在他们的身上有着许多值得我们学习的优秀品质。这不由让我想到了今年江苏高考作文题中的一句话："生而强者如果滥用其强，即使是至强者，最终也会转为至弱。"从中不难看出，强者如果乱用自己的强大，即使是最强的人，也会变得最弱。强者如果用自己的强大来造福于民，他就可以让自己变得更加强大，所以我们要向优秀的党员学习。

我的爷爷就是一名老党员，也曾是村里的党支部书记。虽然他现在已经退休了，但是心里却仍然装着村民们。

有一年，我和爸爸妈妈一起回老家过春节，本以为爷爷会天天在家里陪我玩，哪知道他总是往外跑，天天到四邻八舍去串门。直到后来有一天，我缠着爷爷带我一起去串门，这才发现爷爷不是出门玩耍，而是到村里有困难的家庭去慰问，了解他们的状况，为他们想办法脱贫致富。在平时，爷爷还会骑着三轮车带生病的老人去医院看病，主动接送没有人照看的孩子上下学等。

爷爷无私奉献的精神深深感动着我，也让我明白了党员要以实际行动践行职责和使命。我要学习爷爷身上关心他人的优秀品质，做一个无私奉献的人，用自己的实际行动让身边人感受到温暖。

于是，那个春节开始，我便付诸行动。在学校里，我每天都会观察身边的同学是否需要帮助。假如遇到同学身体不舒服了，我会及时告诉老师，又或是带同学去医务室找校医。如果有同学忘带文具用品了，我就会把自己多备的一些文具借给他用，直到放学才让他还给我。如果有人被绊倒了，我会快速跑到他身边把他扶起来。不论是在班里还是在家里，不管是大事还是小事，我总会过问一下,然后伸出援助之手。

渐渐地,我发现只要可以帮助到他人,我的快乐与开心就会多一分。

做人不仅要关心他人,还要有不怕苦、不怕累的精神。

提起"不怕苦、不怕累"这六个字,真的是说起来容易做起来难。但是在我身边,就有一个人坚持了下来,她就是高凤英奶奶。

高凤英奶奶在年轻的时候听说了掏粪工人时传祥的事迹后,就觉得做一名清洁工很光荣,一样能为人民服务。于是在1973年时,她成为南通市环卫处的一名清洁工。

从工作的第一天起,高凤英奶奶就以时传祥为榜样,每天起早贪黑劳动,清扫道路、清理便池,忍受着常人难以忍受的气味,但她却毫不退却。高奶奶经常利用自己休息的时间去冲洗公共厕所。每当遇到同事有事要请假,她总是毫不犹豫地义务顶班,并且还不收取任何报酬,她这么一干就是几十年。

高奶奶说:任何工作,既然做了,就要坚持把它做好,只有舍得吃苦,敢于吃苦,才能服务好群众。这就是崇尚劳动、热爱劳动、为人民服务的共产党员——高奶奶。我要像她一样热爱劳动,为人民服务！

认识了高奶奶之后，我才知道做人要敢于吃苦，舍得吃苦，还要热爱劳动，更要保护好我们赖以生存的环境。

就拿最近发生的事情来说吧。由于我们学校要举行运动会，所以运动员们每天早上都是早早来到学校进行训练，我自然也就提前了到学校的时间。

有一天早上，我刚走进教室，就看见那些垃圾三五成群躺在地面上。看着眼前的这一片狼藉，我真的是火冒三丈。虽然很是气恼，但我还是没忘了眼前最要紧的就是清扫垃圾。于是，我二话没说，放下书包，把桌椅归置整齐，拿起扫把就开始扫地。尽管垃圾里混合着一些果皮，散发出一些难闻的气味，但是这并不能成为阻挠我干活的绊脚石。

当我打扫到一半的时候，陆续有同学来了，他们看到我埋头苦干的样子，也放下书包，加入打扫教室的行列中来。经过大家的共同协作，教室终于变干净了。看着焕然一新的教室，大家都开心地笑了。直到这时，我才想起自己还没有去训练呢，于是赶紧跑出教室，来到操场进行训练。

虽然整个过程中有苦、有累，但是我做着做着，心中就没有了刚开始的那股怒火，也没有了怨言，因为我发现我只是做了自己应该做的事情。这还真得谢谢高凤英奶奶，没她，就没有全新的我。同时，高凤英奶奶还让我知道了做人要有责任心，要刻苦。

责任，是每个人都要承担的。身为小学生的我们，最重要的就是要清楚地知道自己身上所担负的责任，并对它负责。

我们小学生的责任除了要勤奋努力地学习，还要做到自己的事情自己做，更要帮助爸爸妈妈做一些自己力所能及的家务活。对于学习，我们一定要认真对待，只有把基础打牢了，才能为学习更多的知识做好准备。

现在，我在课堂上已经能做到专心听讲，认真做笔记，积极举手回答问题了，再也不会像以前那样做小动作、和同学说话了，再也不会被老师点名罚站了。课后，我会及时完成各项作业，并认真复习老师当天所讲的内容，遇到了问题，也不会放任不管，而是及时求助于老师或同学。当自己犯了错误时，能够主动承认，并及时改正、弥补过失……

这都是因为我知道自己的责任是什么，自己应该做的是什么。

同样，我也明白自己不作为的后果是什么。所以，我会做到对自己负责，对爸妈负责，对同伴负责，对老师负责，对社会负责。

对于学习，不光要有负责的态度，还要有刻苦的精神。最近，我就在刻苦学习。每天除了保质保量完成各项家庭作业，还会主动做一些课外练习，同时，我还会加大自己的课外阅读量。因为我知道光学习课本上的知识是不够的，还要学习更多的课本外的知识和技能。虽然这样做会让自己变辛苦，但是却能让自己有更多的收获，所以，我并不觉得这份辛苦和刻苦是负担，反而愿意享受这样的辛苦和刻苦。

让我们从身边的点滴做起，从每天必须经历的小事做起，努力培养好的行为习惯，让自己成为对社会有用的人。让我们向优秀的共产党员看齐吧！

04　共产党员为什么这么好

张涵铖（11 岁）

共产党员是我心中的偶像，他们不像马云、马化腾、王思聪那样引人注目，也不像演员、歌手那样让人痴迷，但是他们绝对是最可爱、最可敬的人。

共产党员总是在社会的每一个地方，为人民默默无闻地做着贡献。他可能是环卫工人，可能是公司老总，可能是银行的保安……这些党员都有着自己的优秀品质。

我相信大家都听过雷锋的故事，都知道雷锋是谁。雷锋，是一位优秀的共产党员。他，做好事从不留名，也不图回报。他用自己的行动影响了他的战友，也影响了一代代人，我也被他的精神所影响。

刚上二年级时的一个课间，我和往常一样在操场上和伙伴们玩耍。这时，在不远处有一堆纸屑从半空中飘落下来。我当时年纪虽小，但也知道要好好保护我们赖以生存的环境。所以，我快步走到纸屑飘落的地方，把地面上零零散散的纸屑全都捡起来扔进了垃圾桶。我的这一举动恰巧被路过的校长看见了，他向我竖起了赞许的大拇指。瞬间，我觉得自己做得非常对，并告诉自己以后要一直这样做。

这就是雷锋精神带给我的帮助，其实在我身边也有着像雷锋那样全心全意为人民服务的党员，离我最近的人就是我的小姑姑。

我的小姑姑是江苏省如皋市下原镇藕池村的村主任兼妇女主任，她的工作就是让藕池村变繁荣，让村里的各家各户都富裕起来。同时，姑姑还和村里的干部们一起为贫困户出谋划策。除了忙日常的工作，姑姑还要完成好上级领导交代的任务。

就说全国的第七次人口普查这件事吧，姑姑承担着藕池村的入户工作。那段日子，姑姑每天都会挨家挨户上门，了解各家的实际情况，并一一记录在她的工作记录本上。最后，将统计好的数据进行整理，再进行上报。

就是在这次的人口普查行动中，姑姑和同事意外发现了一个失独家庭，在了解了这户人家的具体情况之后，便立即向上级汇报了。这家的情况比较特殊，上级领导正在为让谁去调解工作而犯愁之时，我姑姑毫不犹豫地站了出来，主动承担起了调解的工作。

原来，这户人家的女儿患了癌症，虽然家里四处借款为女孩治病，但女孩还是在21岁的时候病逝了。自那以后，女孩的母亲终日以泪洗面。面对债务，她一筹莫展，加之她的丈夫又对她不闻不问的，所以她就有了轻生的念头。幸好被姑姑及时发现了，于是，姑姑每天都带着村里的妇女去照顾她、开导她。与此同时，姑姑也在不断做这位妇女的丈夫的思想工作，虽没什么效果，但是姑姑还是不愿放弃一丝希望，一直坚持了好久。另外，姑姑还帮助这位妇女申请了政府援助。终于，在去年的12月29日，帮助这位妇女走出了绝境。

自从我知道了姑姑的言行，我便联想到了我自己，其实，我也是一个关心他人的人。

记得有一次，有一位同学在水泥地上奔跑着，忽然，一个踉跄，直接摔倒在地。我见状，赶忙上前将人扶起，然后搀扶着他去医务室。到了医务室，乘着校医给他做检查的工夫，我简单说明了情况。这时，校医来了句：没啥事儿，骨头没问题，只是摔破了皮，消下毒，擦点药就可以了。当校医用酒精给同学的伤口消毒时，他疼得哇哇直叫。我在旁不断安慰，让他感受到被人关心的温暖，同时也让他能短暂忘记疼痛。

说到温暖，我想到了小伙伴张陈辰的爸爸，一个在一家新材料股份有限公司当生产管理部部长的共产党员——张必勇叔叔。张叔叔平时总是加班到很晚，为此，张陈辰总是有些不理解，总是会怀疑张叔叔的工作效率低。后来，张叔叔终于告诉张陈辰，自己是一名共产党员，每周五都要参加公司党支部召开的专题学习讨论会，分享学习文件精神的心得体会。所以，他经常下班后浏览时政要闻，及时了解党的新政策，学习相关资料。张叔叔表示，在工作上，共产党员就应该主动担当、积极作为、带头示范。

每逢传统佳节到来之际，张叔叔都会放弃休息时间，主动和公司党支部的叔叔阿姨们一起给有困难的职工家庭送大米、食用油等生活物品，让大家感受到党组织的关怀与温暖，体验到生活中的幸福。

张叔叔真的是为社会做贡献的栋梁之材，他让我看到了身为党员的担当与主动。我作为我们家的一分子，一个小男子汉，我也有我的担当，那就是主动照顾和保护和家里的女人——我的妈妈。

记得那一天，我见妈妈无精打采的，便觉得她可能是生病了。于是，我拿来体温计给妈妈量体温。一量才发现妈妈真的是发热了，我赶忙放下体温计翻箱倒柜找药。经过一番波折之后，终于找到了"999感冒灵"，然后赶忙冲药给妈妈喝。

哪知道，妈妈刚喝下药，还没过一分钟呢，就有了要吐的迹象，我眼疾手快地拿来干净的垃圾桶。刚递到妈妈嘴边，妈妈就吐了一通，一股刺鼻的气味扑面而来。我赶紧把垃圾桶拿到了屋外，又给妈妈倒了杯温水漱口，然后扶妈妈躺下来，并给她盖好被子。我又急忙打开窗户给房间通风，等气味消散得差不多了，我赶紧关了窗户，起身走出妈妈的房间，并关上了房门。收拾好客厅的东西之后，我便下楼倒垃圾了，顺便再到附近的药店买了一些退热贴。

回到家，我给妈妈贴上退热贴，然后又倒了一杯热水放在了床头柜上……

几天之后,妈妈不再发热了,说话也有力气了,也能下床走动了,我这才松了一口气。

其实,为社会做贡献并不只是大人能做的事,我们孩子也是可以出一份力的,只要努力做好自己能做的事情,那就是为社会做贡献。

说到这儿,我又想起了一位向雷锋叔叔看齐的党员,她就是我的朋友于盛一的妈妈。

因为她做事有规划、很细心,办事效率高,还特别乐于助人,所以她的同事都会亲切地喊她"干部"。

有一次,快临近期末考试了,于盛一的美术老师在书本上划了复习重点。于盛一妈妈了解情况后,用了一个下午的时间,把美术复习要点整理成电子文档,并打印出来让于盛一复习,同时还把文档发到班级的微信群里,帮助其他伙伴们复习,让大家节约了时间,提高了复习效率。于盛一的伙伴们都为于盛一的妈妈点赞!

于盛一妈妈一个善意的举动,在无形之间帮助了一群人,真的很赞!其实这正是许多党员的缩影,也是广大少先队员要学习的榜样。

由此我也想到了我的一次经历。那天，我正在学校的走廊里走着。走着走着，我发现有几张纸币从走在我前面的男生的口袋里掉了出来。由于他的速度非常快，还没等我叫住他呢，就看不见他的身影了。我捡起钱，心想，他要是知道钱丢了肯定会着急的，我得赶紧找到他。由于我不认识那个男生，只好来到学校的广播室，请老师帮忙找到失主。后来老师告诉我，我捡的那些钱是那个丢钱的男生最近乘坐公交上下学的费用，如果这钱丢了，他就只能走着往返于学校和家之间了。那个男生十分感激拾金不昧的我。

因为我的一份善念，帮助了一个人，我真的很开心。

想想我身边的党员，再想想我自己，我真的觉得我要向他们学的还有很多很多。在今后的生活中，我要继续学习党员们的不辞辛劳、尽心尽责、无私奉献、为他人着想……让自己先做一个优秀的少先队员，等到长大之后，也成为他们那样的国之栋梁！

05　身边的党员激励我们成长

周缪聪（12岁）

今年是建党100周年，人人都说党员非常帅，接下来就跟大家聊聊党员为啥这么帅吧。

在我身边就有一位非常"帅"的党员，他就是我的曾祖父。我的曾祖父已经88岁了，是一名有着65年党龄的老党员。虽然他现在已经退休了，但是仍不忘发挥老党员的余热，时刻关注着小区里发生的一切。

尽管曾祖母的身体并不好，需要曾祖父在一旁照顾，但他从不会缺席小区组织的活动。所以每次小区召集党员开会时，他绝不会以要照顾曾祖母为由而请假。他总是会嘱托爷爷奶奶去照顾曾祖母，然后自己在第一时间赶去会场，从不迟到。在开会的过程中，曾祖父会踊跃发言，认真履行好党员的职责。

记得有一次，因为一些特殊的情况，小区需要组织人来支援保安的工作，曾祖父知道后立马表示自己愿意帮忙。这时，小区的领导都纷纷劝言道："周大爷，你有这份心是好事，但是你年纪也大了，这些事就让年轻人去做吧……"最终，曾祖父抵不过大家的劝言，只好作罢，但还是表示如果有他能做的事情一定要通知他。从这件事，我们就可以看出我的曾祖父是非常热心于小区的大小事务的，他是发挥了党员的表率作用的。

曾祖父平时在家中经常读报纸了解国家大事，时刻不忘他是一个党员。他在遇到一些邻里纠纷时，总是耐心调解，让大家能融洽相处。曾祖父说过：作为一个党员，要吃苦在前、享受在后，要有为人民服务的意识。即使是退休了，也要为小区奉献出自己的一份力，这样才是一个真正的好党员。

这就是我的曾祖父，一个不折不扣的好党员。我要像他一样争取一切机会为大家做贡献。

记得在我四年级的时候，我们组的英语组长被撤职了，于是就需要有一位同学来临时当英语组长，于是，我立马去找了英语老师，向老师讲明了我的意愿，老师见我这么积极，就同意了我的请求。

我虽然没有当过英语组长，但我大概知道一些做组长的责任，比如要每天收好小组内所有人的作业并及时交给英语课代表。就这样，我开始了我的英语组长"生涯"。可让我万万没想到的是，我在刚上任的第一天就因为犯了一些自认为没什么大事的错误而被老师给撤职了。

从这件事中，不难看出的是我争取到了机会，但是却没对机会负责。我应该像我的曾祖父那样一丝不苟地完成任务。这就是我需要向曾祖父学习的地方，也是我需要改变的地方。

其实，党员之所以这么"帅"，并不是因为他们做了多么伟大的事情，而是因为他们一直在自己的岗位上兢兢业业付出着劳动。

在南通海关工作的赵辉叔叔，就在普通的工作岗位上埋头苦干了许多年。

赵叔叔从参加工作的第一天起，就以优秀共产党员为榜样，严格要求自己，认真完成每一项任务，始终把对党忠诚摆在首位。

就这样，赵叔叔一干就是数十年。

为庆祝中国共产党成立100周年之际，赵叔叔积极筹建南通海关党建文化阵地、党史学习教育基地。他根据党史中的重要事件搜集了800余张相关图片、翻阅了200多本党史书籍后，分版块撰写了数万字的设计文案，就连陈列设计图都是改了又改。"七一"前夕，这些作品都投入使用。

赵叔叔告诉我，在筹建南通海关党建文化阵地、党史学习教育基地的这段日子里，晚上学习、思考和设计到天边泛白是"家常便饭"。他认为，做好这件事能帮助更多人了解党的百年奋斗历程，激发他们的爱党热情，所以吃再多的苦都是值得的。

我们都要向赵辉叔叔学习，做一个坚定信念、热爱劳动的少先队员。

有一次，轮到我们组打扫卫生，有一个人因为一些事情请假了，所以只剩下三个人来完成打扫任务。于是，要赶在放学之前完成打扫就显得有些吃力了，但还是得做。就这样，我们开始分工了。

教室里的座位被分成了四大排，这就意味着在我们三人之中必定有一个人是要被分配扫两排的。果然不出所料，我被组长点名指定扫两排,当时我很不爽,也就做得很慢。没多会儿,另外两个人就打扫完了,他们跟着班级大队伍放学了,只剩下我还在漫无目的打扫着。看着空无一人的教室,我心中突然蹦出了一个想法,那就是随便扫两下之后就偷偷溜走。就这样,我并没有扫完就回家了。

到了第二天,老师发现有一排课桌底下很脏,就向组长询问情况,随后的结果就是,老师罚我第二天一人打扫教室。后来,我也反思了自己行为,确实是自己做得不对,也就毫无怨言认罚了。从那以后,我懂得了劳动是每一个人的责任,我们要热爱劳动。

优秀的党员,除了热爱劳动,在其他方面也是做得很到位的。例如我知道的南通"好一家"家居大世界的总经理兼党支部书记——曹斌爷爷,他就在工作的方方面面都对自己提出高要求。

身为党支部书记的曹爷爷,跟我的曾祖父很相似,每天都会浏览时政要闻,了解党的最新政策方针,并整理相关资料。然后定期组织公司的党员开展专题学习讨论会,分享学习文件精神的心得体会。

在平时,曹爷爷除了用身体力行的方式来起带头作用之外,他还会合理分配各项工作，并把责任落实到人，通过这样的量化管理来提升大家的工作效率。本着"节约光荣，浪费可耻"的原则，他在工作中坚决做到不该花的钱一分都不花，把公司的每一笔钱都用在实处。在面对有困难的员工时，曹爷爷会尽其所能帮助他们。

因为从事的是服务性行业，所以节假日都是他们最忙的时候，这时，曹爷爷总是身先士卒，坚守工作的第一线为大家提供帮助。

这样有责任感有担当的党员精神是值得我们学习的，我们应该像曹爷爷一样踏踏实实做事。

相比曹爷爷的有担当，我就有些惭愧了，因为我有时会做出一些没有担当的事情。

我们小学生现在都是在学校吃中午饭的，由于我们学校的学生比较多，所以大家就是在各自班级里解决午饭的，并且会在吃完之后把剩饭剩菜倒入食堂阿姨放在教室门口的大桶里，最后再由阿姨带回食堂。

有一次，我是最后一个去倒餐盘的，结果我在倒的时候不小心把饭菜倒到了桶外面，因为担心被老师批评，所以就赶紧逃离了现场。

回到座位上，我心里开始不安起来，一遍又一遍谴责自己。就在我不断自责的同时，老师走进教室，并说道："在食堂工作的阿姨提意见了，说是有人乱倒剩饭剩菜，弄得大桶附近都脏兮兮的。所以以后大家一定要注意，不要给她们增添麻烦。"

听了老师的话，我非常惭愧。因为我的一个失误，就给食堂阿姨增加了麻烦；因为我害怕责备，也不敢向老师承认错误。现在想来，当时的我真的是很不应该，一点都没有身为男子汉应有的担当。

想想曹爷爷，再想想我自己，我顿时醒悟，决定从今以后要做一个有担当的人，不能逃避属于自己的责任。

我们身边的每一个共产党员都有各自的"帅"，但他们有一个共同的特点，那就是"为人民服务"。他们踏踏实实地做到了自己在入党宣誓时说的每一句话，严格遵守党的章程，认真履行党员的义务，为共产主义事业奋斗终生。

我们要向身边的每位优秀党员学习，争取长大后也成为一名优秀的共产党员。

06　共产党员为什么这么美

梅昊天（12岁）

在中国，党员不仅能起重大的作用，它还是中国工人阶级的有共产主义觉悟的先锋战士。

在我们的身边就有着许许多多的党员，为了更了解他们，我和我身边的几个小伙伴采访了几个在不同岗位上工作的党员。

南通市崇川区任港街道的社区干部朱勇阿姨。她的工作特别忙，主要负责处理任港社区邻里纠纷、管理社区的环境卫生等工作，经常都是早出晚归的，但是她没有一丝一毫的抱怨，反而立足自己的岗位，用自己的实际行动来践行共产党员的初心和使命，切实为社区群众办实事、办好事。

今年夏天台风"烟花"来临时，朱勇阿姨除了在社区微信群里及时发布台风的消息外，还和各楼道的楼长一起，挨家挨户地提醒居民们减少外出、清理阳台上的杂物，消除高空坠物的隐患。

暑期里，朱勇阿姨接到上级疫情防控的通知后，立即率先开展入户宣传、登记报送等。她还冒着高温查验社区来往人员的行程码，为他们测体温，帮助社区居民筑起一道安全防线。

朱勇阿姨的行动体现了党员干部对党忠诚、勇于担当的优秀品质，也让我下定决心，长大以后要成为她那样的共产党员。

通过朱勇阿姨，我充分感受到了党员干部的艰辛，知道了在日常生活当中，我们都应该像党员那样忙中有细，做事不慌乱，同时也要有高效率。

在日常生活中，我们或多或少都会遇到一些困难，但是只要我们能有细致的心，困难总会迎刃而解的。

就比如我自己，现在已经是一名六年级的小学生了，再过几个月就要经历小升初的考试迈入初中的学习生涯了，压力也会随之加大，自然，作业也会变得更加多。现在的我，每天有两张试卷作业，经常是写到深夜十一点左右才能完成所有的作业，这也就导致了我的睡眠时间大幅度缩短,第二天的学习效率也随之有些下降。

但是在了解了朱勇阿姨的工作之后,我有了更多的思考,也从中得到了启发,知道了心急吃不了热豆腐,做事千万不能着急、不能慌乱。从现在起,我要重新调整自己的学习节奏,在繁多的作业中做好分类管理,合理安排好完成各项任务的时间并改进解决问题的方法,这样,我的学习效率就能得到大幅度的提升。

接着,我就来说说我的小伙伴林雨萌的姑爷爷吧。她的姑爷爷不仅是一名共产党员,还曾是一间工厂的厂长。那时的他,带领着全厂的员工开拓创新、不懈奋斗,实现了企业的增产,以及工人的增收。那段艰苦的岁月是他人生中最难忘的时光。他说作为共产党员最幸福的事情,就是为人民服务。他还说,共产党员不仅拥有一份光荣,更承担着一份责任。

当我听了林雨萌姑爷爷的事迹之后,我发现,我要更加热爱学习,同时也要珍稀自己现在拥有的美好时光,千万不要虚度青春、消磨青春。

其实,我们每个人都不应让自己的思想一直处于某个固定的状态，一定要有创新、有成长、有改变、有突破，一定要有胆量去发挥想象，并付诸行动。就比如很久以前，我们中国科技十分落后，但是，随着改革开放的到来，全国人民都勇于去创新，这才有了现如今的地铁、飞机、5G技术等巨大的变化。

就拿我自己来说吧，之前的我一直有一个想法，那就是让自己少做一点事情，让自己处在一个安逸舒适的环境中。直到后来，遇见了阿涌叔叔，遇到了一群有思想的小伙伴，我渐渐有了改变，敢于让自己跨出那个舒适圈，一步步突破自己。于是，我和小伙伴在阿涌叔叔的鼓励和家人的支持下开始写书了。在创作的过程中，我也有许多的苦恼，觉得自己要写几十篇1500字的稿子是很困难的，就这样，我和爸爸妈妈产生了一些矛盾，做事也变得犹犹豫豫。可是一想到我自己当初立下的豪言壮志，我又觉得自己不能这样做，不能面对困难就退缩。所以，我重新调整自己的状态，一步一个脚印地做着这些自己原来没有做过的、不愿做的、不敢做的事情。后来，随着一篇一篇稿件的不断完成，我也不再觉得创作书稿是十分困难的事情了。同时，我还发现，在学校写作文也变得更加轻松了，作文质量也变得更好了，学习也变得更加认真细致，自己也有了成长、改变和突破。我也敢要更多的机会了，更会对这些机会负责任了。

最后，我要讲的是我的"同事"刘芸希采访的党员——陈娟老师的故事。

陈娟老师既是朝晖小学的办公室主任、数学老师，也是一位中队辅导员。她坚持向课堂要效率的教学理念，及时关注我们学生的学习动态，经常利用休息时间研究有趣的方案，激发学生们学数学的兴趣，帮助大家增长知识。

陈老师每天除了做好数学教学工作、处理好各种琐碎繁杂的事务以外，还时刻关心我们的成长，总是想方设法帮助我们摆脱学习和生活中的烦恼。所以，大家遇到不开心的事时，都愿意向她诉说。每次她都会放下手中的工作，耐心地帮助大家分析原因，寻找解决问题的方法，有时候甚至顾不上吃午饭。大家都亲切地称她"知心姐姐"。

陈老师还对刘芸希说："再忙也要把你们的事放在第一位。因为你们是祖国的未来，是党的事业的接班人。"陈老师的这番话深深打动了刘芸希，也打动了我。

在我看来，陈老师不仅是一位不辞辛劳的好教师，更是一位有爱的共产党员。在生活中，我也要向陈老师学习。既要学习她在工作上的认真细致，也要学习她的心中有爱。

参加了阿涌叔叔表达训练，我才听说了"江海少年爱心小使者在行动"活动。一开始，我是抱着一种好奇的心态去的。可是去着去着，我就发现，我渐渐喜欢上了这个"爱心课堂"。

在一次次的爱心活动中，我在给盲童小伙伴们读报纸的同时也在思考一个问题，那就是盲童小伙伴能读的书是什么样子的呢。由于一直没有找到答案，我就向妈妈求教，这时，我才知道盲童读的书是用手指摸读的有隆起符号的纸质出版物，这种书在市面上是少有销售的，相较之下，适合他们读的书少之又少。忽然，我萌生了一个想法，那就是给盲童小伙伴们送一些盲文书。于是，我就和妈妈一起找遍各大书店，最后终于找到适合盲童读的盲文书，并捐给了盲童们。

慢慢地，我发现我是一个可以大声说话的人，是一个可以和盲童小伙伴畅所欲言的人，是一个不胆小的人，是一个心中有爱的人。

我认为，我们这一代人应该有刻苦钻研、努力奋斗、坚持不懈、勇于创新的精神，更应该心中有爱、心中有大家。少年智，则国智，少年强，则国强，让我们一起努力拼搏！

07　致敬榜样，做更好的少年

时欣怡（11岁）

党员，在我心中是模范、是榜样，他们用实际行动对需要帮助的人伸以援手，为广大群众带去精神食粮，为更多的人送去温暖。他们的身影出现在生活的每一个角落，他们做好事时从不考虑自己的得失，只是为了他人着想。

我们学校德育处主任兼音乐老师朱峰，就是这样一位可敬又可爱的共产党员。

朱老师在完成学校的教学工作之余，还热心参加公益活动，用音乐为更多人提供精神食粮。2016年，朱老师通过"南通小脚印公益组织"认识了贵州省黔东南苗族侗族自治州从江县山区的孩子们，他义务为他们创作了歌曲《月亮山的孩子》。这首歌曲的视频播放后，引起了许多爱心人士对孩子们的关注。后来，朱老师又陆续为从江县的几所乡村小学撰写了歌曲，鼓励那里的孩子们刻苦学习、乐观向上。

虽然朱老师只是一名普通的音乐老师，但是他用音乐为许多人带来力量，为需要帮助的人献出了爱心。这样的朱老师真的值得我尊重，他的这份善念也让我对自己重新做了一次审视。

原先的我并不是一个有爱心、特别热心帮助他人的小姑娘，总觉得帮助他人就是在浪费自己的时间，也没有什么好处，所以也就不太想帮助他人。但是在遇见了阿涌叔叔，参加了"江海少年爱心小使者在行动"活动之后，我有了一些改变。通过和盲童小伙伴的交往，我逐渐发现帮助他人的乐趣，也意识到自己原先的想法是多么的荒诞。

随着参加活动次数的增多，我整个人有了不少的变化。因为心中的爱变多了，也就更愿意和身边的人分享快乐了。在每两周一次的"爱心课堂"上，我也更加主动地将最近发生的趣事讲给盲童小伙伴听。为了让他们更容易了解他们看不到的世界，我总是讲得眉飞色舞。就是这样的一次次无偿付出让我受益颇多。除了想法上的改变，我的表达能力有了提高，归纳整理的能力和逻辑思维都有了提高。后来，每当我看到盲童小伙伴们高兴地说着"我想想这画面都觉得很美"，我就会觉得自己的付出是值得的。

记得有一次活动中，坐在我旁边的盲童小女孩总是愁眉苦脸的，我就问她怎么了，她有些不好意思地说："我们最近刚学的一篇新课文内容好长啊，我都背不下来，太难了！""我还当是什么天大的事情呢，就这啊，小菜一碟。"接着，我又一本正经地说："其实吧，背课文并没有想象中的那么难，即使内容再多再难，也是有法可寻的。虽然我们用的课本不一样，但是背书的法子是相同的。我在每次背书之前，都会先大声熟读课文，等到自己读明白读顺溜了才会开始背诵。而且在背的时候，不要图快，可以分段记忆，最后再把所有的内容连起来背诵。下回你可以试一试我的法子，加油，我想你可以的！"这时，她一扫刚才的阴霾，脸上重新扬起了自信的样子，让我感到很开心。

这时，我觉得我和朱老师之间的距离变短了，我也可以成为像他那样心有大爱的人了。

说真的，在我们身边不仅有像朱老师这样的党员，还有很多的优秀共产党员，他们在那些并不起眼的地方为周边的人贡献着自己的力量，让大家的生活变得更美好。

有着30多年党龄的退休干部——顾泽润爷爷，就是这群人中的一员。

顾爷爷年轻时曾是一名中学教师，后来调到江苏省盐城市大丰镇担任镇长。工作期间，他真诚为当地百姓办实事，多次被盐城市大丰区党委授予"先进个人"和"先进工作者"称号。退休后的顾爷爷依旧坚持全心全意为所在小区的居民服务。

比如，他发现小区公园里有局部积水的现象后，就主动和物业工作人员一起想办法疏通下水道；发现小区里的道路坑洼不平时，就找来石块和石板填平；发现公共车库的大门有破损，就告知小区物业管理人员赶紧维修……顾爷爷还主动向社区居委会反映他了解到的民生问题，让生活有困难的家庭及时得到更多的帮助。

顾爷爷做的一件件小事虽然看起来很琐碎，却是居民日常生活所需。正因为有顾爷爷这样的共产党员，大家的生活才更加美好。我愿向他学习，做自觉为人民服务的人。

知道了顾爷爷的故事之后，我就想起了我在班级为同学们做的一些小事。我每天都会督促、提醒同学们按时交作业，并送到老师办公室让老师进行批改。这样即能做好老师的小助手，也能及时帮助同学们了解自己是否掌握了新学的知识。

　　有一次，语文老师让我收语文《课课练》送到她办公室给她批改，可那时正是下课时间，同学们都在教室内外尽情玩耍，整个教室都是嘈杂的声音，尽管我站在讲台上大声喊着"收语文《课课练》了！"可我的声音还是被那一阵高过一阵的音浪给覆盖住了，绝大多数同学没有听到我说的话。这下，我只好默默地挨个找人收作业，虽是花费了一些时间，但我还是尽自己最大的努力将语文作业给收齐了，并及时送到老师办公室，这才没有影响老师接下来的安排。

　　平时，我还会在老师不在教室的时候管理好班级。如果同学们真的没有什么任务可做的话，我也会提醒他们做好预习或复习，有时我还会借给他们一些有质量的书籍来开阔他们的视野。每一次的打扫卫生，我都会积极、认真对待。在整个打扫过程中，我会先将相邻的两张桌子分开，接着将两张桌子之间的垃圾扫得一点也不留，然后再把桌椅放回原位。在我的带动下，其他同学也开始专心地完成属于自己的任务……

我会像顾爷爷那样，一直坚持做着那些"不起眼"的小事情，让大家在校园里更好地快乐成长。

不论是朱老师还是顾爷爷，他们都是优秀的共产党员。他们如同一盏盏路灯，在人们需要的时候，照亮前行的道路。他们如同火热的太阳，不仅自身有光芒，还让世界的每个角落都充满阳光和温暖。

党员就是一个标杆，当我不知该向什么方向前进时，我就可以看看他们，看看他们是如何选择的，又是如何做的。现在，我会努力让自己成为一名优秀少先队员；将来，我会让自己成为和他们一样优秀的共产党员的。

08　党员为什么这么帅

房刘易（11岁）

想要解读党员的"帅"，那么我们就要了解党员。党员离我们小学生并不很遥远，他们就在我们的身边，和许多人一样，都是普普通通的人。

首先，我来和大家讲一讲江海少年通讯社记者部小记者王李尹的爸爸吧，他就是一位普通党员。但是他为了实现自己的理想，放弃了原来单位优厚的待遇，走上了新的奋斗征程。他在新岗位上，以丰富的经验、有礼的言行、认真负责的态度，很快成为公司的业务骨干。

王李尹爸爸的行动，让我得到了一个观点：共产党员不一定都在做大事业，在平凡的岗位上默默无闻奋斗，同样也可以为人民服务。

王李尹爸爸给我树立了一个非常好的榜样，因为我在他身上看到了礼貌和责任，这也让我想到了自己。

在平时，我一直都是有礼貌的，并且不会使用不文明用语。同样，我也会对自己承担的职务负责任。令我印象最深刻的就是我在学校担任文明监督岗时发生的一件事。

记得那一天的课间，我和以往一样，戴着袖标，和文明监督岗的成员一起在校园里巡视着。快走到一棵大柳树附近时，就发现有一群人一直围在大柳树边不走，虽然没看见他们在干什么，但是我总觉得那儿有点不对劲。于是，我就拉着同伴悄悄地朝那边走去。就在我们走到距大柳树还有几步路的时候，竟然看到几个我知道的六年级的同学正围堵着两个一年级的同学，还时不时能听见"给不给，给不给……"这样的言辞。这时，我们意识到出问题了。蛮干肯定是不行的，一定得智取。于是，我给同伴使了个眼色，让他赶紧去找老师过来。而我，则是先把这些我知道班级和姓名的人的信息记在文明监督岗的记录本上，然后再上前与他们搭话，拖住他们，给我的同伴争取时间。等到老师来了之后，再把具体情况和老师讲明，并配合老师的工作。

通过这件事情，我尽到了文明监督岗的责任，同样我也意识到了对某个职务或某件事情负责任是要讲究方式方法的，绝不可盲目而为。

在我们的生活中，还有着不少和王李尹爸爸一样的党员。他们在工作岗位上默默无闻地奋斗着，努力为人民造福。

比如说和我一样参加阿涌叔叔表达训练的叶费凡，她的爸爸就是一位一直在工作岗位上奋斗的年轻的共产党员。

叶叔叔在南通供电公司项目管理中心工作。在工作中，叶叔叔对自己总是很严格，每天都是开启高效工作的模式，一丝不苟提前完成当天应当做的所有任务和工作。同时，叶叔叔还会关注团队里的每一个人，适时为他们提供帮助。

在这里还有一个小故事，这个故事更能体现出叶叔叔对待工作的那份热情。

在一个深夜，有一个项目出现了突发情况，尽管当时直接负责的人已经去了现场，原本可以躺在床上睡安稳觉的叶叔叔还有些不放心。于是，叶叔叔用最快的速度穿好了衣服，开车赶到了现场协助处理相关的事情，一直忙到了天蒙蒙亮才回家。一夜都没有合眼的叶叔叔本该在家好好休息一下，但是叶叔叔却没有这样做，只是回家换了下衣物，经过简单的洗漱后，又精神抖擞地上班去了……

叶叔叔表示，只要是在自己管辖范围内发生的事情，无论大小，他都会第一时间赶到现场协调处理并解决问题。哪怕再艰苦，再劳累，他也不会有一句怨言。

在我们享受生活的同时，不要忘了有一群人一直坚守在自己的岗位上，不管大事或小事，他们都奋斗在最前面。叶叔叔就是最好的例子，我们应该成为叶叔叔那样关心群体、不顾自身、为人民谋幸福的人。

其实，共产党员不只是在我们遇到了困难时会伸出援手来帮我们渡难关，他们还是热爱劳动的人，更是对工作认真负责的人。南通海关机场监管科的科长顾伯伯，就是这样一位把事业放在第一位的人。

此外，顾伯伯还做好"传帮带"，把吃苦耐劳、爱岗敬业的精神传递给身边的年轻同事，与他们共同创造美好的生活和未来。他是新时代的楷模，是我学习的榜样。

顾伯伯的这份努力、这份刻苦、这份坚持都是值得我们学习的。

就拿我来说吧，虽然有不少优点，但还是有缺点存在，为了要让自己变优秀，我就要改掉那些缺点。想想真是不容易，因为我跟这些缺点已经"相处"有些时日了，但我还是决定作出改变。

在我做了一件非常尴尬的事情的时候，我会说一些脏话来掩饰。原本我认为要改掉这个坏毛病非常简单，只要在自己想说的时候，逼自己静下来想一想到底对不对就可以了，但经过很多次的尝试，我才发现要改掉这个毛病其实没我想的那么简单。用这样的方法去改变是根本行不通的。

为了让自己不再有这个坏习惯，我想到了这样一个办法。那就是直接从源头上改掉，管理好自己的情绪，让自己不受情绪的影响。那如何管理好自己的情绪呢？我决定先从身边的小事慢慢管理起来。当我这样做之后，也确实有了比较大的改变。

曾经的我，是一个因为一点点小事（比如别人碰了我一下）就要反手一击的人，这使得我没什么人缘，大家也不愿意和我交流，但现在，在学校里，同学愿意和我交流，愿意和我玩闹了，这不就说明我在改变嘛。

我相信，只要愿意付出努力，我就会变得更好的。

听了我的分享，我相信大家已经找到答案了，也知道了党员为什么这么帅了。

因为他们有信心、信任、信念和信仰，他们有全心全意为人民服务、不惜牺牲个人的一切的决心。这就是他们的帅。

我相信，我会努力成为像他们那样优秀的人的。

09　优秀党员对少先队员的影响

储百川（10岁）

众所周知，中国共产党是中国工人阶级的先锋队，同时也是中国人民和中华民族的先锋队，是中国特色社会主义事业的领导核心，代表中国先进生产力的发展要求，代表中国先进文化的前进方向，代表中国最广大人民的根本利益。可以说没有共产党，就没有我们现在的幸福生活。

今年是中国共产党建党100周年，为了帮助我们少先队员更好地了解共产党员，江海少年通讯社总辅导员阿涌叔叔带领我们寻访身边的共产党员，深入了解中国共产党，并以红领巾播报的方式，讲述自己眼中共产党员的故事，坚定我们从小听党话、跟党走的决心和信心。

下面，就让我来带大家认识几位优秀的共产党员吧。

我要向大家介绍一位乐于助人的共产党员——黄晓蓉阿姨。平日里，黄阿姨经常帮助身边的孤寡老人，每逢春节，都会用自己的工资为他们购买慰问品，和他们一起欢度传统佳节。

当她得知江海少年通讯社在南通特殊教育中心设立了奖励残障儿童的"江海少年成长奖"后，就主动提出要为"江海少年成长奖"募集基金，帮助残障儿童。在那段时间里，黄阿姨利用周末的时间来撰写募集基金的方案，反复修改了很多次。然后，她就带着方案走进南通市的多家企业募集基金，有时甚至顾不上吃饭。

最终，黄阿姨募集到了8000多元的基金。她开心地说："虽然有些人不能亲自参与公益事业，但是他们也以自己的方式为公益出力。我要坚持参加公益活动，为更多残障儿童服务。"

作为党员，她会时刻提醒自己，做人不忘初心，不忘记自己在加入中国共产党时的誓言。

黄阿姨用自己的实际行动告诉我们，要做一个有爱心的人。这不禁让我想起了自己的一些经历。

在平时的生活中，我都是尽自己所能去帮助那些需要帮助的人。记得有一次，我和妈妈出去吃饭，那时正值吃饭的高峰期，饭店里座无虚席，就连店外的等位区都坐满了人，我和妈妈等了好久，才在等位区等到了一个座位。还没等我屁股坐热呢，我就看见一位白发苍苍的老爷爷慢慢地走了过来，他向四周看了看，发现座无虚席之后，就叹了口气，准备转身离开。这时，我站起来喊住了老爷爷，并把我们的位置让给了老爷爷。老爷爷坐下后，对着我竖起了大拇指。虽然我和妈妈又等了许久才有座位，但是我一点儿也不后悔。因为我明白，关心他人、帮助他人能让自己成长得更好。

后来我参加了阿涌叔叔表达训练，知道了"江海少年爱心小使者在行动"活动，从此以后，我积极参加每两周一次的爱心活动。我和小伙伴们一起来到南通特殊教育中心，和盲童小伙伴分享生活中的点点滴滴，让他们感受到快乐和温暖。就这样，我心中越来越有爱了。

一名优秀的共产党员除了要有爱心，还要掌握诸多的本领，更要能吃苦。说到这儿，我就想到了"国门卫士"。

就拿我采访的南通海关查验三科有害生物鉴定室骨干、江苏省劳动模范禹叔叔来说吧。禹叔叔从小受长辈的影响，立志成为一名共产党员。他刻苦学习，在进入大学的第三年就成为一名光荣的共产党员。如今的他是已有15年党龄的"老党员"了。他告诉我，他的初心就是要比其他人多一份牺牲精神。

禹叔叔每天除了做好实验室里的生物鉴定、标本制作、上报检验结果等工作之外，还要外出登轮检查、采集样本。为此，他走悬梯、爬锚地。尽管身处的工作环境风险大，但是他没说过一句抱怨的话。因为他知道自己的工作是祖国安全的一道防线，需要高质量完成。他还不断地提醒自己要克服困难，完成好每一次检查、检疫工作。

禹叔叔不仅是劳动模范，更是我心中最靓的党员。我会向他学习，成为一名不忘初心、刻苦学习的优秀少先队员。

通过禹叔叔，我知道了我们要从小好好学习，做事要有效率，要掌握更多的本领，还要有吃苦耐劳的精神，这样长大后才能为祖国做贡献。所以，我们要从小事做起，从细节抓起，从现在开始就要付诸行动，给自己定一个目标，并朝着这个目标去努力。

我们要尽可能多掌握知识，因为知识能帮助我们打好基础。所以我们上课一定要专心听讲，认真做好笔记，并积极思考老师所提出的问题，做到踊跃发言。我们还要在课后认真复习，遇到不懂的问题要及时向老师或同学请教，千万不要把问题拖到第二天。除了学习课本上的知识，我们还要增加自己的阅读量，通过阅读课外书来了解更多的知识，这样才能变强大，才能在不久的将来为建设祖国贡献出自己的那一份力量。

除了刚刚说的这些，作为一名党员，还必须做到全心全意为人民服务，除了法律和政策规定范围内的个人利益和工作职权之外，不得谋取任何私利和特权。

在我的身边就有这样一位时刻以此来警示自己的共产党员。她叫陈美，是南通市崇川区人民法院的一名法官。

她每天都会审理不同的案件。她，总是会在开庭之前做好充分的准备，从不打无准备之战。为此，她会认真审阅每一个案件的卷宗，详细了解整个案件的始末，不放过任何一个细节，不让自己有一丝一毫的遗漏。在审理案件时，她会做到公平公正，不徇私枉法。这是因为她认为维护好国家和人民群众的利益，才对得起她身上的那套制服，才对得起党和人民对她的信任，才配得上"共产党员"这个称呼。

她表示，她时刻牢记习近平总书记对所有执法人员提出的要求，努力让人民群众在每一个司法案件中感受到公平正义。

她还会在工作之余，给我们少先队员普及一些与未成年人有关的法律法规知识，告诉我们要做一个遵纪守法的人，不能触碰法律的界线。

我会牢记陈阿姨的话，严格要求自己，从身边的小事做起，做到不闯红灯、不随手扔垃圾、不打架、不骂人……

在当今社会，有些人之所以会受到法律的制裁，那是因为他们从小就没有养成好的行为习惯，总是对自己的不当行为抱有一丝侥幸的心理。所以，我们从小就要做遵纪守法的人，要做到勿以恶小而为之，勿以善小而不为。

听了我的分享，大家应该感受到了党员的优秀和伟大了吧，我为有这样的党员而感到骄傲。我们要以他们为榜样，努力学习他们的优秀品质，改掉自己身上的坏毛病，让自己成为一个优秀的共产主义事业接班人！

10　绿茵场上的生命之光

陈梓奕（8岁）

我虽然看不清这个世界，但是我心中却有一位最帅的人，他就是北京残奥会亚军、四届亚洲盲足冠军、南通市盲协主席——陈教练。

陈教练常常到学校来义务教我们踢足球。休息时我们缠着他讲足球比赛的故事，我这才知道成绩的取得背后都是惊人的付出。有一次，他在海南比赛，对手被他高超的球技弄得恼羞成怒，对他采取犯规战术。在争抢一个高空球时，他瘦弱的身体被对手撞出去七八米远，鼻梁被撞成骨折，他仍戴着护具坚持比赛。观众给他鼓掌，对手也竖起大拇指。13年的运动生涯，他鼻梁骨断过三次,肋骨断过,脚踝也骨裂过。我一边摸他的鼻子,一边问陈教练:比赛时,你害怕吗?他说:"当遇到劲敌时,只要想一想飘扬的五星红旗,我就会精神百倍,勇往直前。"

有一次,我摸到他胸前的徽章,问陈教练,这是什么呀?他说,这是党徽,是为人民服务的标志,它激励我为盲人朋友们服务。他是这么说的,也是这么做的。当选盲协主席以来,他撰写提案积极推进城市无障碍建设,先后帮助二十多名残障人士就业,组织开展盲人无障碍观影、预防下一代遗传疾病讲座等系列活动,深受盲人朋友的欢迎。2020年春节疫情暴发,本该是盲人按摩店生意最火爆的时候,他们却被迫停业,很多盲人家庭失去了经济来源。陈教练心急如焚,立即成立了防疫互助群,进行心理疏导、防疫知识的宣讲。在了解到国家复工政策的第一时间,他自掏腰包和爱心人士想尽办法购买了口罩、体温枪、消毒液等物资,连夜送到各位盲人店主手中,帮助他们复工。

由于我和母亲、姐姐的视力残疾,我也埋怨过命运的不公。父亲的因病离去,更让我早早体会到了生活的艰辛。7岁起,我开始独立住校,学会了叠被子、洗衣服、做卫生。我几乎一个月才能回一次家，因为来回路费很贵，要160元钱。妈妈视力不好，没法来接我，每次回家，都是老师把我送上车。每当我沮丧的时候，我就会想到我心目中的英雄，我的指路明灯。

在每两周一次的江海少年通讯社爱心课堂活动中，普小的小伙伴给我们读报。我给他们讲故事，吹葫芦丝，有一次给他们讲解盲文点位时，他们惊奇于这些看起来不起眼的小圆点竟能读出故事。小伙伴们称盲文为"魔法点位"，但只有我知道，盲文的读写练习中，我无数次戳破了手指，磨破了皮肤。在跆拳道训练中，我向陈教练看齐，摔倒了爬起来接着练。入校一年多来，我先后参加校内外的跆拳道展演，参加崇川区"三独"比赛，获得二等奖。参加南通市阅读比赛，荣获十佳奖。每次有了好消息，我都会第一时间和陈教练分享。他总是勉励我说："梦想用汗水来浇灌才能开出最鲜艳的花。"于是我就会充满力量更加努力地学习，争取长大后成为陈教练那样的人。

11　劳动果实最甜美

王梓辰（9岁）

说到劳动，大家会想到什么人呢？对，是普通的群众。在他们当中有许多共产党员。那你们觉得党员是什么呢？我想说，党员是榜样，是我们少先队员要学习的榜样。

党员是为人民服务的人，他们认为劳动最光荣，助人最快乐！

在我们的生活中，有许多普通的党员，他们的精神无处不在，就比如我熟悉的钱建萍阿姨、王燕姐姐和蒋裕生伯伯。

钱建萍阿姨是一位劳动模范，她刚工作的时候，只是生产一线普通的挡车工，为了能高效率、高质量地完成生产任务，钱阿姨对织布技术精益求精，经常利用休息时间学习相关知识。

功夫不负有心人。钱阿姨通过不断研究掌握了织布的核心技术，先后多次参加织布技术大赛，获得了好成绩，还在1994年成为通州棉纺织厂第一位工人技师。她用自己的双手创造了美好生活。

我在钱阿姨身上看到了坚持不懈、努力奋斗的品质，这是我们广大少先队员应该具备的。

就说我吧，从小就养成了坚持阅读的好习惯，从中也收获了无限的乐趣。回想起来，我真正爱上阅读是在幼儿园的时候。那时，妈妈每天晚上都会给我讲故事。妈妈声情并茂的讲述，让我羡慕不已，我便问："妈妈，您怎么知道这么多？"妈妈得意地说："当然是从书中知道的！"从此我便对阅读有了兴趣，并一发不可收。虽然在阅读的过程中，也有过想要放弃的念头，但是一想到妈妈的博学多识，我就有了坚持的力量。渐渐地，我发现，良好的阅读习惯帮助我提高了写作能力，让我可以更好地运用那些从书中学到的优美语句，并用从书本中学到的道理来丰富我作文的内涵。

总之，阅读已成了我生活中必不可少的一部分，现在，我如果一天不看书，就浑身不自在。坚持做一件事的感觉真的是很奇妙，希望大家不管做什么都要坚持下去，这样你就会有意想不到的收获！

劳动者的美丽不只是体现在坚持上，还体现在为人民服务上。

南通市虹桥街道虹南社区的党委书记王燕姐姐，就是一位全心全意为人民服务的人。她的工作特别忙，从楼道灯的报修，到居民之间发生的矛盾纠纷，再到社区民生工程的落实……只要和居民有关的事情，都是她要管的事情，因此，她经常早出晚归。

为了更好地服务社区居民，王燕姐姐每天都会认真梳理繁杂的事情，然后协调社区的工作人员进行处理。她和同事们细致入微的服务，让居民倍感贴心和温暖。她还带领虹南社区近400名党员定期开展学习活动，激励大家在日常生活中展现党员先锋的风采，真心为民谋幸福。

我发现乐于助人和为人民服务这两个词简直就是为了形容她而创造的。我还发现为人民服务是不分大小的，我虽然只是一名少先队员，但是同样可以为大家服务。

在班级里，我担任着班长一职，所以，我努力做好老师的小助手，帮老师送取东西、给同学讲解难题等。虽说这都是一些微不足道的小事，但是我却引以为豪！因为，我可以贡献自己的一份力量。

在平时，如果同学在学习或者生活中遇到了困难，我都会尽我所能去帮他们解决问题。上学期，有一次我们班同学考试成绩都不理想，甚至还有几个平时成绩还不错的人考了不及格，我知道后就主动去关心他们，帮助他们。通过我和大家的共同努力，最后，在后来一次的考试中，大家都拿到了高分。之后几次，有个别经常考不及格的同学也在我的帮助下考到了及格，而且还在不断提高成绩。那时，我心里的成就感满满的，特别开心，因为我的努力没有白费。

帮助其他人是会赢得大家尊重的，也会让自己感到非常开心。希望大家都要乐于助人，这样就会有非常多的成就感。

在我们身边，各行各业的劳动者都在用勤劳的双手创造美好生活。南通大生集团高级技师蒋裕生伯伯就是这样一名劳动者。蒋伯伯告诉我，他从小学起就给自己设立了永争第一的目标，所以，在上学期间，他刻苦学习，努力让自己的各门功课都在全年级排名第一。毕业后，蒋伯伯带着这种积极进取、刻苦钻研的精神走上了工作岗位。他扎根在技术岗位上，不断学习新知识和新技能，并把学到的技术运用到工作中，提高了工作效率。由于表现优异，蒋伯伯经常受到表扬。

之后，他被单位推荐参加江苏省高级技术培训班，进行技术深造，成为一名高级技师。他在长久的工作中刻苦钻研技术，从而研究出一套独特的"闻、听、看"的检查设备的方法，让工厂的机器设备减少了发生故障的频率。

此外，蒋伯伯性格随和、乐于助人。当同事有事或身体不舒服时，蒋伯伯都会挺身而出，承担他们的那一份工作。

蒋伯伯在工作中不断创新、善于学习，还做好"传帮带"，把吃苦耐劳、爱岗敬业的精神传递给身边年轻的同事，与他们共同创造美好生活。他是新时代的楷模，是我学习的榜样。

蒋伯伯之所以能让人们崇拜他，还因为他刻苦钻研、乐于助人，在做完自己的那一份工作后，总会帮助同事。

每个人除了要为自己奋斗，还要像要爱自己一样爱别人。多给别人一份关爱，就是多给自己一份友情！就像我现在，还兼任着学校食堂的盛饭工作，虽然这是一件普通的小事，但是每次看到同学们接过饭菜之后的笑脸，我都特别开心！

平时，我不仅在课堂上认真听讲、积极举手回答问题，下课也会认真复习课堂上学的知识。老师上课的时候提问，我每次都会举手，即使老师没有叫我，我依然会举手，因为我不是为老师举手的，我是为了证明我自己会。我回家写完学校的作业以后还会写写课外的作业，预习第二天要学的知识，复习当天学的重点，让第二天学得更好。好习惯都是一点一滴累积成的，我每天持续努力，让自己变得更优秀！

通过了解党员，我懂得了不能因为经验欠缺而放弃积累，不能因为能力有限而放弃提高，不能因为没有得到回报而不去付出。只有真正努力了，才能成就事业，才能为将来的收获播下希望的种子！

我要再接再厉，时刻准备着，长大了也要成为一名光荣的共产党员，为人民服务！

12　我心中的楷模

曾成（10岁）

在我的身边有许多优秀的共产党员，他们如一盏盏路灯一样，默默地为大家、为社会奉献着自己的一份力量。他们可能是一名环卫工人，可能是一位小区保安，也可能是一名公司职员……尽管十分普通，却做着不平凡的事情，因为他们心中都铭记着"为人民服务"这五个字。

我们熟知的"人民的好公仆"焦裕禄就是这样做的。焦裕禄来到兰考，排内涝、战风沙、治盐碱，他从始至终都与兰考人民一起奋斗。即便是后来知道自己患了肝癌，他也没有被病魔击垮信念和意志，仍旧忍着剧痛为人民群众办实事，直至逝世。

焦裕禄身上亲民爱民、艰苦奋斗、科学求实、迎难而上、无私奉献的精神告诉我们一个真理：身为一名共产党员，一定要全心全意为人民服务，把人民利益放在第一位。

在我的家中就有这样一位拥有焦裕禄精神的共产党员，她就是我最亲爱的妈妈。

我的妈妈是一家保险公司的保险理赔员，每天都在自己的岗位上兢兢业业忙碌着，认真审核每一件由她负责的理赔案件，切实维护好每一个人的利益。

2020年初，疫情暴发，她每天早早地赶到公司，和轮值的同事一起进行各项消毒工作，还为公司采购口罩、消毒液、洗手液等消杀防护用品。

在那段时间里，妈妈的同事都是轮岗值班半天，只有她是自我加压，坚持全天在岗，凡事亲力亲为，认认真真、勤勤恳恳付出，只为守护大家的安全。等到全面复工之后，我妈妈又发挥着她的医学专长，引导每一位来访的客户做好防护。就这样，妈妈承担着自己的责任，舍小家为大家，始终步履有序地协助同事推动着各项工作的开展，而她的工作也得到了大家的肯定。在年末的时候，她被评为"2020南通好青年",是保险业仅有的4名好青年之一。这就是我的妈妈,一名优秀的共产党员。

有这样优秀的妈妈,我真的很自豪。同时,我也被妈妈身上的这种无私奉献的、有爱的精神给感染了。现在的我,会时刻留意班级里发生的事情,发现教室过道里有纸屑,就会立刻拿起扫帚清扫干净。我还会在做好老师小助手的同时主动帮助需要帮助的人。

有一天下午体育课上,我们班的人正在进行课前热身运动。突然,我一抬头,就看见不远处的跑道上有位同学摔倒了,我二话不说就赶紧跑了过去,赶忙把摔倒的同学给扶了起来,一边轻轻地拍掉他身上沾染的尘土,一边关切地问道:"你摔疼了没,有没有哪里受伤啊?"听了我的询问,他眉头微皱地说道:"膝盖有些疼,估计是蹭破皮了。"我一听,赶紧搀扶着他朝我们班的方向走去。到了教室里,我让他在我的座位上坐了下来,接着就从书包里拿出几片独立包装的酒精棉,学着妈妈平时帮我清理伤口的样子,小心翼翼地给那位同学清洗伤口,最后还给他贴上了创可贴,并嘱咐他不要让伤口沾水。我这才把他送回了自己的班级，然后又赶回操场继续上体育课。

心中有爱、愿意无私奉献的人并不只是那些做出惊世壮举、愿意牺牲自己生命的大英雄，也可以是平凡岗位上努力奋斗的小人物。他们除了有爱、愿意奉献之外，还特别能吃苦、肯钻研，并在大家共同创造良好生活环境的过程中贡献自己的一份力量。我的爸爸就是这样的人。

他是南通大学附属医院司法鉴定所的一名法医，每天除了做好伤残鉴定、亲子鉴定、法医病理鉴定等自己的本职工作之外，还会积极响应组织的号召。在防控疫情的那段日子里，爸爸就主动提出申请，在医院的门诊部和高速路口值勤。

我的爸爸平时总是很忙碌，几乎每天都是我还没起床他就已经出门了，晚上大多是在我进入梦乡才到家。对此，我很是疑惑，心里总在想一个问题，那就是爸爸的工作效率真的有那么低吗？每天都要花那么久的时间工作吗？

为了解开心中的疑惑，我终于在某一天晚上等到了早出晚归的爸爸，向他诉说了自己的困惑。随后，爸爸告诉我："作为一名法医，要有十分严谨的工作态度，要对每一个案件的当事人负责任，稍有差错就会产生不公正。"听了这话，我似乎明白了一点，但又不是很清楚。爸爸见我一副似懂非懂的模样，便又给我讲了许多东西。

我这才对法医有了了解，也才知道了爸爸的工作有多复杂。原来爸爸除了进行医疗跟踪取证、伤情的活体医学检查观察、症状分析、测试比对等工作，还会在下班后反复研究当事人的病例和影像，遇到不能确定的疑点，常会找影像科专家会诊读片。这样才不会被一些被鉴定者夸大其词的说法给糊弄过去。

熬不过我的再三祈求，爸爸在给我讲这些的时候，还给我讲了他的一次鉴定经历。当时，有一个伤者找到爸爸，要求做伤情鉴定，爸爸也同意了。可是在做鉴定的过程中，这名伤者总是把情况描述得很严重，而实际情况又并非如那人所说的那样。爸爸就要求那位受伤者拿出病历，看了眼病历上的内容后，爸爸就对他产生了怀疑，意识到他有伪装的成分，便利用办公室里现有的沙发椅成功拆穿了他的把戏。

正是因为爸爸的认真负责和一丝不苟，他才能无愧于党、无愧于民，才能获得"南通市行政系统十佳司法鉴定人"等多个荣誉。

透过爸爸，我知道了要做一个有责任、有担当的人，要让自己更加优秀。这不禁让我想到自己刚刚参加阿涌叔叔表达训练时发生的一些事情。

刚开始，我是有一些胆怯的，面对阿涌叔叔给出的任务，也是有些畏惧的。因为害怕自己完成不了，就有些不敢承担。可是只要一想到爸爸的工作态度，我就觉得我要有所改变。所以，在阿涌叔叔第一次给出背诵宋词的任务时，我没有躲，而是勇敢接受挑战。然而当我看到小卡片上那一长串的文字时，我又心生犹豫了。心想：这么长的一首宋词，可比唐诗难背多了，我怎么可能背出来啊，可要是放弃了，我不就是在逃避嘛。正当我陷入两难之时，爸爸的身影以及他对我讲过的那些话在我脑海里闪过，我便不再那么犹豫了。拿起小卡片，我认真读了起来，然后再一点一点背着。皇天不负有心人，我的努力终见成果了，我能熟练地背出宋词来了。后来，在面对一些更长、更难的宋词时，我也能轻松完成了，并且认识到，做任何事情，只要不放弃，只要肯花时间，只要愿意吃苦钻研，就一定能够成功的。

生活中，并不只有我的爸爸和妈妈这两位帅党员，还有更多的共产党员在默默为人民服务,他们遵守党的章程,拥护党的纲领、执行党的决定、严守党的纪律,他们是社会中最可爱、最可敬的人,也是我们少先队员要学习的楷模。

13　以榜样为镜，做最优秀的少年

周若琂（9岁）

我一直都在思考一个问题，党员，他们是谁呢？是一个人？还是一群人？他们是什么样的人？为了弄清楚这些问题，我翻阅了《中国共产党章程》《中国共产党党员教育管理工作条例》等书籍，从而了解了中国共产党，知道了共产党员是有着无私奉献精神和吃苦耐劳品质的人。

在我的身边，有许多乐于助人的共产党员，顾西阿姨就是其中之一，她是江苏移动南通分公司的一名普通员工。顾阿姨认为，党员不仅要完成好本职工作，还要主动帮助他人，做热心肠的人。有一次，顾阿姨在开车回家的路上，看到一位抱着孩子招手打车的年轻妈妈。顾阿姨立即在路边停下车去询问。原来，孩子由于调皮磕破了额头，这位年轻妈妈着急打车去医院，却一直打不到车。顾阿姨见状二话没说，立刻让这对母子坐上自己的车，快速朝着医院的方向驶去。在顾阿姨的帮助下，孩子得到了及时治疗。

年轻妈妈很感激顾阿姨，要给她感谢费，顾阿姨语气坚定地说："作为一名党员，帮助身边人不需要任何酬劳。"说完她就转身离开了。顾阿姨认为这是一件小事，但我通过这件事看到了顾阿姨的了不起。

我要学习可爱的顾阿姨乐于助人的好品质，长大后成为像她那样优秀的共产党员。

当然，共产党员不仅要乐于助人，还要对工作负责，在中国银行南通开发区支行当行长的陈敏阿姨就是这样的共产党员。

陈阿姨说，作为一名共产党员，她的一言一行都会直接影响到党员的形象，所以她对自己高标准严要求，努力为员工们做好表率。她是这么说的，也是这么做的。

陈阿姨每天都提前到单位做好工作计划，然后利用晨会把各项工作都安排好，并监督实施情况。她及时了解员工的工作情况，定期组织活动，增强了团队凝聚力，让员工们有了归属感、幸福感。在她的带领下，团队顺利完成了每个季度的任务，获得了上级领导的好评。

陈阿姨说，她和员工们每天的工作中都要和钱打交道，所以加强思想建设、自觉抵制不正之风的侵蚀十分重要。不管日常工作多么忙，她都会定期组织员工们进行政治学习，了解党史和党的要求，使每个员工在思想和行动上始终与党保持一致。

我为身边有这样的党员而感到骄傲！我要向她学习，不断提高自己的政治素养，以诚实、勇敢、活泼、团结的作风，为红领巾增光添彩。

党员，可以是科学家，也可以是与我们擦肩而过的路人，可不管他们从事什么职业，他们都会在自己的岗位上尽职工作，创造自己的价值。如果把每个党员比作一滴小水滴，那么所有的党员凝聚起来，就是一片浩瀚的海洋。遇到危险和困难，他们总是冲在最前线，挑起重担，为人民群众遮风挡雨。我们应该为所有的党员鼓掌，感谢他们的无私付出！

对于我们小学生来说，最好的感谢方式就是努力成为一名优秀的新时代的好少年。

每个星期一，学校里都会举行升旗仪式。每当国歌响起时，我就觉得有一种温暖涌上心头，这种温暖来自大人对我们孩子的关爱，来自社会各界对我们学生的包容。所以，我们应该感谢我们的祖辈，以及为我们创造美好条件、让我们可以安心坐在学校里读书的所有人，如果没有他们为我们创造的和平年代和物质生活，我们又怎能有现在这样舒适安逸的读书环境呢？我想说，这一切的一切都要感谢党，感谢党领导着一群又一群优秀的党员为了祖国的未来而奋斗。

我们是学生，做不出什么惊世之举，但是我们却可以让自己变得强大。首先，我们要认真学习课本上的文化知识，其次就是要学习革命先烈的无私奉献的精神。我们要热爱祖国、热爱班级，我们要学会爱身边的人。只有心中有爱、心中有奉献的人才会感受到幸福、感受到别人的爱。

我这就和大家聊一聊发生在我身边的小事。我在班里是科学课代表，平时会协助老师做科学实验、管理班级纪律、催收同学们的作业……有一段时间，我在收作业的时候，会遇到有同学不做作业，这就会导致我的"工作"无法顺利完成。这时，我没有埋怨同学，而是想办法解决问题。除了询问他们是因为什么原因没能按时完成作业之外，我还主动教他们完成不会做的题目。如果有人是因为忘记记录要做的作业内容，那么我就会提醒他们，并在老师布置好作业之后，放弃课间休息的时间，主动拉着他们一起查看他们的家校本，看看是否记录完整。

自从我这样做了之后，漏写作业的同学就越来越少，我的"工作"也能顺利开展起来。当同学们都能按时交科学作业的时候，我觉得很开心。这也让我更加坚定自己心中的想法——通过努力，让同学们喜欢上科学这门课。这不光是我身为课代表的责任，也是我应尽的义务，我觉得我有义务帮助同学全面提升自己。而想要全面提升自己，就一定要有明确的目标。

我还记得自己第一次参加阿涌叔叔表达训练时，在记录本上记下了《少年中国说》中的一段内容，并被要求背诵出来。起初，我并不太明白阿涌叔叔要求我们背诵《少年中国说》的目的是什么，可是现在，我终于明白了。

原来，国家今天的责任，不在别人身上，全在我们少年身上。

只有少年聪明了，国家才能聪明，只有少年富裕了，国家才能富裕；只有少年强大了，国家才能强大；只有少年独立了，国家才能独立……所以，我们每一个少年都要做有理想、有目标的人，并为了心中的理想和目标去努力奋斗。有梦想的孩子，总是会追着梦想去跑，并且会跑得很快，因为他们心中有信念和目标。在我上小学三年级的时候，我就立志要在长大之后成为一名医生，救死扶伤，治病救人。这是因为妈妈经常告诉我：人的生命只有一次，我们要珍惜生命，也要敬重生命。我在医院或电视里看到那些得了不治之症又无法医治的人眼中流露出的求生欲望，总是一阵心酸，这时，我就会对自己说：我从现在开始一定要好好学习，长大后一定要成为医生，一定要通过自己的努力在医学上有所成就，减轻病人的痛苦。

还记得周总理的那句"为中华之崛起而读书"吗？对我们现在的小学生来说，这句话依然适用。尽管现在的中国已经崛起，但还是要靠我们在不久的将来把祖国建设成为世界强国。我想说：同学们，不要害怕，我们是有榜样的，只要我们像他们一样努力，我们就可以成为他们，并超越他们。

我们要学习他们不怕困难、不怕吃苦的精神，遇到困难主动想办法解决，我们要和他们一样树立正确的世界观、人生观和价值观，只有这样，我们才能为了完成我们的目标而付出更多的努力。所以不要把我们当孩子，我们和所有的党员一样，都是一群为了理想努力奋斗的人。

当我采访党员，看着他们胸前佩戴的党徽上面的"为人民服务"这五个字时，就满是敬佩。共产党员有着讲政治、讲担当、讲纪律、讲团结、讲廉洁的优秀品质，这既是我觉得最帅气的地方，也是我最要学习的地方。

让我们共同庆祝共产党的百年华诞，让我们以党员为榜样，努力拥抱祖国的未来。

请党放心，强国有我！

14　党员给了我披荆斩棘的力量

严洪谞（11岁）

在历史悠久的东方，有一个无产阶级政党，从1921年到2021年，历经艰苦、披荆斩棘、风雨兼程、成就辉煌，它就是中国共产党！100年来，从艰苦卓绝到觉醒拼搏，从劈波斩浪到行稳致远，中国共产党始终坚守着为人民谋幸福、为民族谋复兴的初心和使命。共产党员们为了党、为了人民、为了祖国，一直艰苦奋斗、坚守初心、廉洁奉公……所以，他们是最帅的人！

在我的身边，就有一位帅党员，那就是我的三爷爷洪德泽。没有退休之前的洪德泽爷爷，曾是南通大学机械学院的一名教师。在数十年的教学生涯中，他经常帮助那些遇到困难的学生和同事，尽己所能帮助他们解决遇到的实际问题，所以他是学生和同事眼中的"爱心老师"。

有一天下班后，洪德泽爷爷刚走出学校的大门，就看见一位他不认识的正在等待家长来接的学生被一辆飞驰而过的电动车撞倒在水泥地上，随之而来的就是学生痛苦的呻吟声。那一刻，他心里全是对学生的关心，于是，他立马丢下随身携带的一捆资料，快速冲过去检查那位学生的身体状况，在确定没有伤到胫骨之后，就一把扶起倒在地上的学生，然后一路背着去往医院。到了医院之后，又是跑前跑后忙着排队挂号缴费，又是带着受伤的学生做各项检查……

洪德泽爷爷真的是一位善良的、有爱心的好党员！我从他的身上学到了乐于助人，也感受到帮助别人是一件非常幸福、快乐的事情。受他的影响，我也养成了助人为乐的优秀品质。

在一堂道德与法治课上，老师非常认真地讲着所有要我们记住的概念，并标出重点让大家记录，同学们也都按照老师的要求一一做着记录，可唯独我同桌有些异样。他不仅没有专心致志地做记录，还在翻来覆去翻着自己的书包和抽屉，整个人急得就像是热锅上的蚂蚁一样，嘴里还在不停小声嘟囔着："唉，我的书呢，到底把它放哪儿了呀，真是急死了……"原来，他不是在玩，而是焦急地找寻着忘带的《道德与法治》。我就把自己的课本往他那边推了推，并轻轻拍了他一下，轻声说："先别急着找了，我们两人一起先看我的书。"他听了我的话，焦急的情绪逐渐平复了下来，感激地点点头。下课之后，我还特意抽出休息的时间，把老师之前讲的要点再逐一跟同桌讲了一遍，还将自己记的笔记借给他抄阅……看着他感激的笑容，我的心里无比畅快。

在那一刻，我的感受就是，我们的一份宽容、一份爱心、一份关心都会帮助到那些有困难的人们，而这就是最细小的为人民服务。

当然，想要彻彻底底做到为人民服务，就不能只有一份宽容、一份爱心、一份关心，更要有的是一份担当、一份责任。我就认识一位尽心尽力为人民服务的老党员，他叫洪德祥。

老党员洪德祥爷爷是海安市孙庄街道办事处的党群工作人员，也是一名基层村干部。多年来，他管理过全村的财务，坚决不让集体财产受损失；带领村民们修筑水利工程，扎实做好村里的防洪、抗旱工作；邀请农业技术人员为村民们进行农业种植指导，使村民们的收入年年增加，过上了小康生活。洪爷爷全心全意为人民服务，实实在在解决村民们的困难，得到了村民的一致好评。

如今，尽管洪爷爷即将退休，他仍坚持每天学习党史，做笔记、写心得，积极组织村里的党员们参加党史学习教育活动，着力提高他们的政治素质……

洪德祥爷爷常说："为人民服务是我的责任，作为党员，我就得对人民负责任，保证他们的幸福生活。"

这样一心向党、一心为民的优秀老党员，是值得我学习的榜样，也让我的内心有了许多的震撼，更促使我想起了我为班级出黑板报的事情。

刚接到这个任务的时候，我是十分高兴、十分激动的，觉得老师是非常信任我才会把这样一份光荣的任务交给我来完成。一次，两次，三次，我还保持着最初的新鲜感，但是到了后来，我渐渐觉得这项任务太艰巨、太辛苦了，有时还会觉得这个任务是个包袱，因为它既会占用我的时间，又会打扰到我的日常规划，我逐渐萌生了放弃的念头。就在我左右摇摆不定的时候，我想到了洪德祥爷爷，想到了采访他时，他告诉我的那一番话，我便为自己的这些念头感到羞愧。

细细想来，出黑板报就是为班级、为同学们服务，我既然接下了这个任务，就得对它负责，并努力把它做到最好。从那之后，我开始重新审视这项任务，认真对待它。每每听到老师和同学们的夸赞，我心里真的比吃了蜜还甜！

在我身边，不光两位洪爷爷是我要学习的榜样，我的党员妈妈也是我要学习的对象。

我的妈妈从小就听她的外公给她讲着关于党的故事，所以在外曾祖父的影响下，妈妈知道了没有共产党，就没有新中国；没有共产党，就没有中国特色社会主义；没有共产党，就没有现在强大的中国和人民幸福安康的生活。因此，她从小就立志要加入中国共产党。

在生活中，她处处严格要求自己，积极向党组织靠拢，并以实际行动通过了党的检查和考验，最终在2007年加入中国共产党。

我妈妈入党后，衷心拥护党的纲领，遵守党的章程，履行党员义务，执行党的决定，严守党的纪律，保守党的秘密，对党忠诚，积极工作。

作为一名财务工作者,她既要掌握扎实的专业知识,也要有着全心全意服务的意识,积极配合和协助业务部门开展业务活动,提供业务部门所需要的财务数据。

有一次,妈妈就职的公司的营销部门准备竞争一个大项目,需要财务部门提供相关报表数据,因时间紧、任务重,大家都觉得短时间内是不可能完成的,也就缄默不语。这时,妈妈却挺身而出,鼓励大家发扬艰苦奋斗的精神,加班加点完成这项艰巨的任务。就这样,大家牺牲了很多休息的时间,终于在最后的紧要关头提交了准确的数据,营销部门也因此获得了客户的认可,成功拿下订单。事后,公司高管对财务部门给予很大的肯定。妈妈却说,只要大家具有服务意识,各个部门之间的很多矛盾是可以调解的。当然服务也要有底线和原则,切不可过度服务。

我妈妈每天都会打开"学习强国"App进行学习,以此来提高自己的思想觉悟和科学素养。对于她自己从事的会计职业,她也十分注重专业知识的积累。面对日新月异的税收政策和不断推陈出新的会计准则,她总是能静下心来学习,并把自己的研究运用到实际工作当中。

作为一名党员,她不忘初心,牢记使命;作为一名会计,她坚持原则,不做假账;作为一名党员,她与人民同呼吸、共命运;作为一名会计,她与同伴常交流、常沟通;作为一名党员,她用先进的思想理论武装头脑;作为一名会计,她用最新的财税政策服务工作。

这就是我的妈妈,她时刻不忘党员的身份,时刻不忘党的要求,从小处着眼,从细微处做起,努力工作,在平凡的岗位上做出应有的贡献。

我也要像妈妈一样,对自己的"工作"负责,全心全意、尽心尽力地去做,把事情做得更好、更实、更快。

今年的暑假,我在和阿涌叔叔沟通之后,接受了阿涌叔叔给我的一个挑战,那就是认真阅读阿涌叔叔所写的《玩出来的成长奇迹》一书,并把书中的一个个成长故事以四方格漫画的形式呈现出来。面对这样的挑战,我感到十分惊喜,因为我最喜欢画画了,所以,我十分爽快地接受了这个挑战。这真的仅仅只是一项挑战吗?不,它不仅是一项挑战,更是我背负的一个责任。

于是乎，暑假里每一次阿涌叔叔表达训练开始之前，我都会交一到两幅漫画给阿涌叔叔。虽然这个过程是辛苦的，但我还是十分享受。通过这样的漫画创作，我不仅更深一步了解了阿涌叔叔的体验式教育理念，还从书中的一个个故事中品味成长的苦乐，更学会了如何真正看一本书。

以前，我看书时从不进行思考，只是大概看一下书里的内容，然后就说自己看完了。但是自从接受了这个挑战，并为了更好完成它，我看书的方式与以前大不相同了！现在，我不仅会把书认真地读一遍，还会用心去进行思考，尽可能搞明白作者想要表达的意思，并从字里行间去感悟蕴藏着的道理。

瞧，就是这样一份挑战，让我变得更加细心、更加努力了，也让我更加有责任心了。从今往后，我一定要更好担负起自己的责任，努力成为妈妈那样优秀的人。

说到这儿，对于党员为什么这么帅，我逐渐有了清晰的答案。他们帅在无私奉献、默默无闻，帅在一心为民、心系人民，帅在不忘初心、牢记使命……每一个党员都是一片美丽的云彩，当成千上万的云彩汇集在一起时，就成了美丽的朝霞，映照着我们的美好生活。

15　乐于助人,让我更有爱

胡可昕(10岁)

党员,是什么样的人?是一群有着一定思想觉悟的先进分子,是一群存在于各行各业的最普通的人。他们虽然只是在普通的岗位上工作着,却起到了不平凡的作用。所以,不管是从事什么样的职业,他们都是最值得我们尊敬、最值得我们学习的人。这是为什么呢?

原因很简单。不因为别的,只因为他们身上有一种无私奉献的精神;只因为他们可以不顾自己的利益去无偿为人民服务;只因为他们常常助人,还乐在其中。

曾获得"江苏省优秀共产党员""江苏省优秀志愿者""江

苏省百名诚信之星"等荣誉称号的南通市通州区玉兰眼镜公司的总经理王玉兰奶奶就是这样的一位党员。

王玉兰奶奶在读小学时就是"雷锋中队"的一名小队长。她在成长中深受雷锋精神的影响，一直以"劳动最光荣、助人最快乐"为自己的座右铭。

据王玉兰奶奶说，20多年前，南通市的大街小巷没有几家眼镜店，孩子们要检查视力、验光都很不方便，她就主动为大家免费提供眼部检查、验光、清洗眼镜等服务。后来，她又创办了玉兰眼镜公司，就是为了帮助视力不好的孩子及时配上合适的眼镜，好好学习。

王奶奶用行动践行着雷锋乐于助人的精神，她是我心中最棒的共产党员，我们大家都要向她学习！

其实，在我们的生活中，除了王玉兰奶奶，还有很多无私奉献的人，我最熟悉的已经从南通市开发区小海街道招商办退休的宋樱爷爷也是这样的人。

宋爷爷经常在小区广场健身，见到健身器材上的螺丝松动后，就会从家里拿来工具及时修理好，避免有人健身时受伤；发现健身器械部件损坏后，他还会第一时间告诉小区物业工作人员，并催促他们找专业人员来维修。他以实际行动为大家营造了良好的居住环境。

宋爷爷居住的小区里喜欢养宠物的人比较多。有一次，他在小区的步行道遛弯时，看到一个装有小猫的箱子，就在各楼单元门口的宣传栏里张贴了一张又一张的寻猫启事，最终帮助小猫找到了主人。当小猫的主人向宋爷爷支付酬劳表达谢意时，宋爷爷婉言谢绝了。

宋爷爷就这样在日常生活中，默默地为他人做着一件又一件力所能及的小事。我要以他为榜样，尽己所能，服务他人，无私奉献，乐在其中。

身为学生的我们，能做的事情或许没有大人的多，也没有大人的伟大，但是我们也是十分乐于助人的，也是甘愿无私奉献的。在我们的小学校园里，就有不少这样的身影。

就拿我的同桌来说吧，他是我们班的中队委，不仅学习成绩好，各方面的表现优秀，还特别乐于助人。每当有同学遇到困难的时候，他都会给予帮助。有一次英语课上，英语老师讲解完刚发下来的试卷，就让我们订正卷子，而我却因为没有带红笔坐在那儿发愁。他发现了我的异样，就悄悄地从自己的笔袋里拿出红笔递给我用。在体育课上，如果有同学在打篮球，他会主动大声提醒其他人要小心。要是来不及提醒，他就会快速把球截下来，以防篮球乱飞而砸到从球场边经过的同学。

有一件事情让我印象特别深刻，当时，我们班的一位同学在篮球场边被篮球砸到了，而且还是砸在了眼部附近，这下可把站在他身边的人给吓坏了。幸好我及时反应过来，拽着他的手就要往学校的医务室跑去，可是当时的我刚转学过来不久，根本就不清楚医务室在哪里，整个人急得团团转。这时，我的同桌闻讯赶来，什么话也没说，主动搀扶受伤的同学去往校医务室，一路上，他还不忘给我讲解校园里的一些情况……我为自己有这样的同桌感到开心。

不只是他，我也是一个乐于助人的孩子。

听妈妈说，我在上幼儿园的时候就很喜欢帮助人。记得那时，班上有个名叫陈酉淦的小女孩，她特别内向，在班上也没有什么朋友，总是孤零零的一个人。我看见后，就觉得这样是不行的，就想利用自己的好人缘来帮助她和班里的其他人成为朋友。于是，我每天都主动找陈酉洤聊天，和她讲述其他同学的趣事，也告诉她大家都愿意和她交朋友，只要她勇敢跨出第一步就行。就这样，她在我的鼓励和帮助之下有了许多的改变，人也开朗多了。通过交流，我还发现我们有许多共同爱好。我就鼓励她发挥自己特长，渐渐地，其他小朋友也越来越了解她了，也和她交起朋友来。

到了我上小学二年级的时候，学校举行运动会，我就报名参加了五十米短跑比赛。

在比赛中，每一位选手都拼尽全力想为班级争夺荣誉，我也不例外。可是有一位选手却在跑到一半的时候摔倒了。当时，我并没有过多的犹豫，而是果断放弃那唾手可得的第一名，转过身就拉起那位摔倒的选手，带着她去医务室找校医。或许有人会因为我放弃比赛而"指责"我，但是在我看来，帮助摔倒的同伴远比赢得一场比赛更为重要。

再后来，我参加了阿涌叔叔表达训练，认识了许多优秀的小伙伴，他们和我一样，愿意无私帮助他人，愿意奉献自己的爱心，愿意做着一件又一件力所能及的小事，为他人送去温暖。

不管是现在，还是将来，我都要尽己所能去服务他人，还要带动身边的人一起帮助他人，把为人民服务的精神传承下去。

16　优秀党员让我有成长

张涵熙（8岁）

作为优秀的少先队员，我们要懂得感谢，感谢父母赐予我们生命，感谢革命先烈用献血换来和平年代，感谢祖国给予我们舒适生活，更要感谢共产党员们的无私奉献。

说起党员，我就想到了我的师姐张思栎的爸爸。张爸爸在张思栎师姐上一年级的时候就教导她要好好学习，长大之后做一个对国家有用的人。

2020年，疫情暴发时，张思栎的爸爸叮嘱单位里的同事少出门、做好个人防护，自己却主动提出去单位值班。张思栎的妈妈劝他在家线上办公，可张思栎的爸爸却说："我是共产党员，在困难面前要挺身而出。这些工作我熟悉，得赶紧做。你放心，我会注意安全的。"就这样，张思栎的爸爸像那些"战'疫'先锋"一样奋战在工作的岗位上，默默地为祖国建设贡献着自己的力量。

作为祖国的希望，我们要成为优秀的青少年，就一定要在困难面前不退缩。

就拿这次的写稿来说，我就经历了一个又一个的困难。一开始，要先采访党员，再写采访稿，可是我从没做过采访啊，这下可把我给难倒了，但是我没有因为遇到难题就放弃，反而是想办法完成了第一个挑战。接着就是背稿子录制视频节目，这又是一道难关，因为我从没有和几个小伙伴一起面对摄像机录制节目，所以就算我把稿子背得再流利，我还是有些怵镜头了。可尽管是这样，我还是没有放弃，而是在辅导员哥哥姐姐的鼓励和帮助下战胜了这个困难。

好不容易闯过了第二关，到了对我来说最难的第三关——写两三千字的宣讲稿件。对于二年级的我来说，这真的是天方夜谭！虽然我心里也在犯嘀咕，但是我没有被它吓到退缩，反而是越挫越勇。为了能写出这篇稿件，我的小脑袋反复思考着，不让自己有丝毫的松懈。尽管有些地方写的并不是特别好，我还是尽自己最大的努力来完成它，并没有因为难度的升级而放弃。

还有，每次考试都会有思考题，对于有些思考题，我是想来想去都想不通。但是我没有因为想不出来就不做了，反而是拿出草稿纸，一边分析题目一边画图，从中找寻解题的思路，这样似乎也没有想象中的那么难了。

其实，不怕困难的党员除了张思栎的爸爸，还有很多很多，我再带大家认识一位同样不怕困难的党员吧，他就是在南通市公安系统工作的张智勇爷爷。

自从警的那天起，张爷爷就告诉自己：一定要维护好社会治安秩序，让老百姓过幸福安定的生活。他始终牢记党的宗旨，在岗位上兢兢业业，努力做到全心全意为人民服务。

有一次，张爷爷在执行任务时遇到了一位不认识回家路的老人，张爷爷赶紧把他带回自己的单位，一边照顾他，一边安排同事尽快确认老人的身份、联系他的家人。等老人被他的家人接走后张爷爷才安心，又去执行其他任务了。

张爷爷告诉我："警察必须保证人民群众的安全，遇事要冲在最前面,哪怕遇到的情况再危险,都要想方设法保护好人民群众的利益。"

张爷爷工作很忙,但他仍然能认真地处理好自己面对的每一项工作,主动践行共产党员的初心和使命。

张爷爷不惧辛苦的言行深深地打动了我,也让我下定决心:长大以后要成为他那样的共产党员,努力为人民做贡献。

"为人民做贡献"这几个字看起来担子很重,与我们小学生也没有太大的关系,但是我们小学生也是可以做到的。我们可以在班级里帮助学习成绩落后的同学,教他上课认真听讲以及记笔记的方法,课后和他一起回想老师上课讲的内容。我们还可以时刻关注教室里的环境,看到地面有纸屑就及时清理干净,把摆放不齐的桌椅归置到位。当同学忘记带东西的时候,主动上前关心一下,并提供他所需的帮助……

这一系列的举动,看似微不足道,可确实是在为他人做贡献。

接下来,我还要带大家认识一位老党员,她就是南通市电表三厂的退休厂长李玉珍,也是我的朋友陆思源的姑太奶奶。

李奶奶是一位有49年党龄的老党员。在她看来,党员就要做好每一件事情，努力做到全心全意为人民服务。

在工作岗位上，她廉洁奉公、大胆改革，带领员工们搞好生产，增强企业的经济效益。同时，她还关心员工们的生活，帮助他们解决遇到的困难。

退休之后，李奶奶继续发挥余热，服务身边的人。疫情防控期间，她积极配合社区干部，不随意串门、不聚集，还为居家隔离的邻居送去了蔬菜和水果。

李奶奶常说："共产党员要心中有群众。我虽然退休了，但是始终铭记党全心全意为人民服务的宗旨，始终坚守共产党人的初心和使命。"

看着李奶奶布满皱纹的脸，听着她铿锵有力的话语，我深为感动。

其实，我在平日里，也会像李奶奶那样为大家服务。我经常会放弃自己的午睡时间来为同桌讲解题目，好让同桌变得越来越优秀。但凡看到黑板没有擦，我就会把黑板擦得干干净净，准备迎接下一课。遇上同学没有带铅笔、橡皮等文具用品，我就会把自己的借给他们用。我的同桌偶尔也会忘记带书，我就会和他合看一本书……

　　我们要好好学习,还要从身边点点滴滴的小事做起,真正做到"勿以善小而不为",只有这样才能成为一名优秀的少先队员,才能在数年之后成为一名优秀的共产党员,才能好好报效祖国。

17　不怕困难，迎难而上

黄思婕（10岁）

在我们身边有许许多多的人，他们在自己的职位上从事不同的工作。而其中有一些人，他们有着自己的信念，他们跟随党，跟随国家，听着党的号召，跟着国家的指令去做事。他们严于律己，不论是在工作上还是在生活中都能随时随地严格要求自己，他们就是——党员。

那大家知道共产党人的精神吗？我自从跟着阿涌叔叔和小伙伴一起学习了"精神"之后，就对"长征精神"和"抗美援朝精神"印象深刻。

长征精神，就是把全国人民和中华民族的根本利益看得高于一切，坚定革命的理想和信念，坚信正义事业必然胜利的精神；就是为了救国救民，不怕任何艰难险阻，不惜付出一切牺牲的精神；就是坚持独立自主、实事求是，一切从实际出发的精神；就是顾全大局、严守纪律、紧密团结的精神；就是紧紧依靠人民群众，同人民群众生死相依、患难与共、艰苦奋斗的精神。

抗美援朝精神，就是将祖国和人民的利益看得高于一切，为祖国和民族的尊严而奋不顾身的爱国主义精神；英勇顽强，舍生忘死的革命英雄主义精神；不畏艰难困苦，始终保持高昂士气的革命乐观主义精神；为完成祖国和人民服务赋予的使命，慷慨奉献自己的一切的革命忠诚精神；为了人类和平与正义事业而奋斗的国际主义精神。

作为少先队员的我们，从小要就有这样的信念，就应该有这样的精神。

说到长征，大家立刻会想到的是朱德、陈毅、周恩来那样的名将，可我要说的却是另一位生命永远定格在28岁的红军将领，他就是长眠于甘肃省会宁县中川乡大墩梁的罗南辉叔叔。

罗叔叔自从1927年秘密加入中国共产党后，就在所在部队从事兵运工作。他团结、教育、下层士兵，组织成立"士兵联合会"，同反动军官作斗争。后来，罗叔叔任中共川东特委军委书记时，因叛徒告密被捕，但他仍旧坚定立场，与敌人周旋到底，始终未暴露身份。在出狱之后，继续为保卫党组织的安全做工作。

长征开始后，罗叔叔率部担负筹粮任务。在人烟稀少的藏族人民地区，他严格执行党的民族政策，积极开展群众工作，走村串户，收集、购买粮食，最大限度地保证了部队的需要。1936年10月，为掩护红四方面军与红一方面军会师，罗叔叔奉命率红五军担任后卫，躺在担架上坚持指挥作战，在甘肃会宁华家岭一带阻击敌人。10月23日，罗叔叔在会宁县中川乡大墩梁遭敌机轰炸，壮烈牺牲。

想想罗南辉叔叔，再看看我自己，我就觉得自己更应该向罗叔叔那样的红军战士学习。

在学习中，我们应该像红军战士们一样勇于探索。遇到不会的题目，应该不厌其烦地去探究它的解题方法。如果一种方法没有成功，就要尝试换一种思路或解法，而不是一遇到问题就不假思索地去问家长或直接上网搜解题过程。

当然，我们也不能因为自己做不出来就觉得出题者把题目出错了，而不反思自己的解题方法有没有问题。试想一下，红军战士当年如果因为某一场战役的失败就老怀疑是别人的错，而不进行自我反思的话，那整个队伍是肯定不会齐心的，必然也就没有了之后的胜利。

在生活中遇到挫折了，我们要独立自主地去面对，因为天下没有什么难题是不能解决的。就像红军战士们，如果他们当初退缩了，那么长征也就失败了。正是因为红军战士们不怕任何艰难险阻迎难而上，才能救国救民，才能为了人民和国家的利益奋不顾身地去战斗。所以，我们也应该像他们那样，不怕困难，迎难而上。

说到抗美援朝，就会想起许多的战役，而令我印象最深的就是被拍成电影的长津湖战役，我还有幸在看完电影《长津湖》之后，和小伙伴们一起寻访到了参加过长津湖战役的94岁高龄的老党员——焦绪忠爷爷。

焦爷爷告诉我们，当初作为一名志愿军战士，为了新中国的和平，他一点也不害怕上战场，只因他坚信只有党才能给人民带来和平美好的生活。

焦爷爷说，1950年，刚20岁出头的他作为一名志愿军参加抗美援朝战争时，正巧遇上了百年难见的极寒天气。在当时，一场大雪就把许多蹲在战壕里的志愿军战士冻成了"冰雕"，可就是在这寒冷刺骨还缺粮缺水的情况下，他和战友仍旧没有动摇心中那火红的信念。在鏖战中，敌人跑，他们追；敌人怕打夜战，他们就偏偏这么打。为了方便冲锋，他们只穿着单衣单裤。可就在这样恶劣的条件下，他们依然杀出重重包围，重创敌军。回忆往昔，焦爷爷一度哽咽："绝粮不绝望，只有共产党领导的军队能够走出那样的绝境。"

在和焦爷爷聊天的过程中，他说的最多的一句话就是"共产党的部队是不怕死的"。这让我们从焦爷爷身上感受到了他不畏上战场、勇于奉献的精神。

焦爷爷的青春，是付出的青春。他和战友们为了不让下一代在战火中度日，为了让大家能够过上安稳、幸福的日子，用热血与信念在茫茫大雪中，为我们撑起了一方温暖的天地。

在聊天的最后，焦爷爷还给我们唱了一首歌，我们在焦爷爷的歌声中感受到了一抹温暖人心的阳光，也从焦爷爷和蔼可亲的目光中读出了他对党的热爱，更读出了他那勇于奉献、不怕牺牲、勇往直前的精神。

一代人有一代人的使命，一代人有一代的担当。焦爷爷告诉我们："我们要朝气蓬勃，要努力学习，没知识不行！年轻人要争先恐后地学，知识不怕多！"94岁的焦爷爷说起这话时仍然铿锵有力。作为少先队员的我们正是生逢其时，理当不负韶华，不负焦爷爷的嘱托，勇敢地接过时代的接力棒，做一名合格的接班人。

和平年代，我们不需要以命相搏，但焦爷爷的青春画面始终在我的脑海里回放——尽管我们小学生很难做出惊天动地的大事，但这并不影响我们从身边的点滴做起，将稚嫩的小树苗浇灌成大树。

作为少先队员的我们应该不畏艰难，迎难而上，而不是遇到困难就退缩。当自己想要退缩的时候，我们可以想想那些参加抗美援朝的志愿军战士，想想他们是怎样克服重重困难在一次次激烈的战争中取得胜利的。他们受的苦比我们多很多，他们忍受的疼痛也比我们多很多，生活在当下的我们还有什么可畏惧的呢？如果他们畏惧了、退缩了，就不会有抗美援朝最后的胜利。正是因为他们不怕任何艰难险阻迎难而上，正是因为他们不惜奉献出自己宝贵的生命，才换来了我们今天幸福安康的美好生活。如果我们现在连生活和学习上的一点小困难都克服不了，我们还能做成什么事情呢？我们要把志愿军战士们当作自己学习的楷模，努力成长为可以报效祖国的栋梁之材。

在没有学习共产党人精神之前，我对党员并没有过多的了解，只当它是一个称号，并没有什么特殊的含义。但是在学习了共产党人精神之后，我才惊觉"党员"二字承载的是什么。

我们小海小学的陈校长和教我语文的陈英老师都是共产党员，他们从小就沐浴在党的阳光下，从小就立志要成为优秀的共产党员，为国家做贡献。

他们都秉持着不懂就问的工作准则，都会踏踏实实做好自己的本职工作。不管在什么情况下，他们都没有忘记自己的初心——教好书育好人。所以，他们尽心尽力培养着每一个学生，让他们在学习中收获更多的成长，做到德智体美劳全面发展。他们在不忘初心的同时还不让各种荣誉冲昏自己的头脑，时刻坚守着自己入党时的誓言。因为他们觉得"党员"带给他们的不光是光荣感，更多的是一份责任，所以他们无论何时何地都能严于律己、以身作则。

我想我们应该要学习长征精神、抗美援朝精神，因为我们是少先队员，是祖国的未来，是党的孩子！因为我们是在党和祖国的养育下长大的！因为党和祖国给了我们很多，我们一辈子也报答不完……所以，我在长大之后也要成为一名优秀的共产党员，全心全意为人民服务！

18 共产党人指引我向前行

刘艾薇（9岁）

每个共产党员都是伟大的，从他们身上，我学到了很多的精神。如果把这些精神与生活联系在一起，就能解决很多的难题，也能收获很多的成长。

尤其是从长征途中掏腹断肠的红军师长陈树湘叔叔身上，我更是发现了自己需要好好学习的品质。

陈叔叔在17岁时加入中国社会主义青年团（后改名为"中国共产主义青年团"），20岁时加入中国共产党。1934年10月，陈叔叔率部参加长征，担负全军总后卫。在湘江战役中，他成功完成掩护中央红军主力过湘江的任务后，被阻断在湘江东岸。

向湘南突围时，陈叔叔的腹部中了敌人的子弹。可他没有休息，用皮带压住伤口后，躺在担架上继续指挥战斗。后又在四马桥坪塘村掩护其他官兵突围时，不幸被敌人抓住。

然而陈叔叔并不甘心当敌人的俘虏，更不愿意苟活。就在敌人得意忘形抬着他去邀功之时，他趁敌人不注意，忍着剧痛，亲手撕开自己腹部的伤口，绞断肠子，英勇就义。

陈叔叔的这一崇高抉择，深刻有力说明了他早已做好了为革命赴汤蹈火的准备，同时也践行了他自己"为苏维埃新中国流尽最后一滴血"的铮铮誓言……

陈树湘叔叔用自己的实际行动诠释着长征精神的内涵，由此，我也从中学到了很多的东西。我懂得了，我们不管遇上什么事情，都要勇敢地去尝试，如果失败了就要总结教训，不能因为害怕就不尝试，一定要越挫越勇，直到成功为止。从前胆小的我，也受到陈叔叔精神的鼓舞——不畏困难，勇往直前。

从四年级开始，我们班的老师每个星期都会选定一个人在星期四的朝仪课上做十分钟分享。为了能让整个分享过程有趣、有意义，老师都会提前让做分享的人做好准备。看到其他同学在讲台上神采飞扬地分享,我内心羡慕极了。但从小胆怯的我,一直不敢鼓起勇气报名上台。

看完陈叔叔的事迹后,我也动起了报名做分享的念头。有了这个念头之后,我心心念念放不下这件事情,犹豫再三,我还是向老师提出了展示申请。很快,老师就给了我"OK"的回复,我便开始做起了准备。由于这是我第一次在班级里做分享,所以我是十分紧张的,也在家里反复练习了很多次,但是在讲的时候还是出现了一些小问题,可我没有为此懊恼不休。因为我知道,我已经勇敢迈出了第一步——勇于尝试,勇于挑战,愿意牺牲休息的时间来做练习,也敢面对挑战过程中遇到的困难了。

我要谢谢长征精神,谢谢它让我发现了"我可以、我能行",也谢谢它告诉我如何通过努力做最好的自己。除此之外,我还要谢谢延安精神,谢谢它让我知道了全心全意为人民服务的精神内涵。

在我身边,就有这样一位值得我学习的全心全意为人民服务的老共产党员,他就是被中央文明办、中国文明网评为"中国好人"的王秀冲爷爷。

1965年5月入党的王爷爷现在是江苏省通州湾示范区幸福院

的院长。他从28岁开始就在这里照顾着一群特殊的群体——麻风病患者，与他们同吃同住，如今，已整整过去了48个年头。

在这些年里，王爷爷的很多同事来了又走，只有他一人还在坚守着，细心照料那些"上帝的弃儿"。2003年，忙了大半辈子的王爷爷到了退休年龄，理应在家享受天伦之乐。单位里也安排了新的医生准备顶替他，可没想到的是，王爷爷放不下已经照顾了30多年的"病人"。就这样，退了休的王爷爷又留了下来，为麻风病孤老们打针喂药，照顾他们饮食起居，关心他们的精神状况。这一干又是16年。

如今，77岁的王爷爷每天仍在不停地忙碌着。王爷爷全心全意为人民服务、爱岗敬业、坚持不懈的精神让我十分敬佩，同时，也让我知道了做人要有责任心。

在了解了王爷爷的优秀之后，我想起了自己现在在做的一件极为有意义的事情，那是在我接受了阿涌叔叔体验式教育之后才有幸参与的活动。

这个活动是每两周才有一次的，是在南通特殊教育中心举行的"江海少年爱心小使者在行动"活动。这个活动已经跨入第16

个年头了，它是每一位小使者学习爱、懂得爱、奉献爱的课堂。在这里，我们通过和盲童小伙伴的交流，切切实实感受到了全心全意为他人服务的重要性。因为只有用心去交流、用心去做事，你才会被别人信任，你才能成为盲童小伙伴手里的拐杖，才能成为他们了解五彩缤纷的世界的眼睛。同样，你只有用心了，才能和他们成为朋友，才能从他们身上发现自己缺少的优秀品质，才能不用有色眼镜去看待这一特殊的群体，才能从他们身上获得更多成长的力量。

当然，想好做好事情，除了用心之外，还要做到负责任。因此在做事情的时候，一定要不怕困难，一定不要连坚持都没坚持就直言放弃，要有勇于担当的勇气，并且要把事情做好，遇到不懂的就一定要问清楚。

就拿我在"江海少年爱心小使者在行动"活动中给盲童小伙伴读报这件事情来说吧，当遇到不认识的字的时候，一定要向身边高年级的同学或者是辅导员哥哥姐姐请教，等到弄清楚字的读音之后再读给身边的盲童小伙伴听，而不是含糊其词糊弄过去。要知道，糊弄的行为不仅是对自己的不负责任，更是对盲童小伙伴的不负责、不尊重，所以，我一定会做到负责任的。

除了在长征途中掏腹断肠英勇就义的红军师长陈树湘叔叔、在新时代里被中央文明办、中国文明网评为"中国好人"的全心全意为人民服务的王秀冲爷爷，还有很多很多优秀的共产党人值得我去学习，我一定会学习他们的优秀之处，努力让自己成长为一名合格的社会主义接班人。我会每时每刻做好自己的本职工作，还会尽自己最大的能力去帮助身边需要帮助的人。

我相信，我一定会在不久的将来成为一名优秀的共产党员的，一定会秉承前辈们不忘初心的意愿，踏踏实实为党和人民奉献自己的一份力量。

19　共产党人精神谱系带给我的启示

章释尹（10岁）

西柏坡精神让我知道了，不管干什么事都要谦虚谨慎、艰苦奋斗。谦虚谨慎，让我在生活中不管做了多好的事都不会骄傲，而是会让下一次做得更好。艰苦奋斗，让我在学习中能不断努力，在生活中遇到困难时永不放弃，而是努力奋斗。

提到特区精神，就必定会提到深圳这座城市。45年前的深圳，是一眼就能望到头的小渔村。而现在的深圳，到处是高楼大厦，经济水平更是遥遥领先，这一切都离不开"特区精神"。特区精神教会我要"敢闯敢试、敢为人先、埋头苦干"。

敢闯敢试，就是让我在学习中不断挑战自己；让我在生活中勇于尝试新的事物来提升自己。因为没有试过是不会知道自己是行还不行的。埋头苦干，让我在生活中去面对困难，在学习中继续努力。还有，我们在学习上，要做主动学习者，而不是被动地去学习，并且不要在学习上空喊口号，而是踏踏实实地做到位……在我们的学习和生活中，处处充满了"特区精神"。我相信，我们只要相信自己，只要在遇到困难时敢于面对、敢于开拓，就一定可以走向成功。

就拿不久前入选"深圳经济特区40年40人"名单的"杰出工匠"代表杨飞飞叔叔来说吧。一个从农村走出来的80后小伙子，只身前往深圳特区，通过多年摸爬滚打成为富士康科技集团机械加工技术经理，并逐渐成长为大国工匠。这样的人生蜕变绝非偶然，它离不开杨叔叔对于事业的热衷、对于理想的坚守，更离不开杨叔叔的敢闯敢试和敢为人先。

杨叔叔在接受机械制造领域教育时期，因为勤奋刻苦、精于钻研，所以有了扎实的基本功，也为他后来能成功通过富士康的招工选拔考试奠定了基础。

在十多年的工作时间里，不管是从跟随模具师傅学习设备操作到成长为部门的技术能手，还是担任模具线割加工助教，再到后来的自学工程软件、设计图纸、研发线割快速装夹治具，都离不开杨叔叔的自立自觉。

宝剑锋从磨砺出，梅花香自苦寒来。杨叔叔如果没有在岗位上勤学苦练，没有带着团队里的小伙伴们在技术创新的道路上砥砺前行，就不可能有今天的成功，更不可能在面对各种蜂拥而至的荣誉时，坦然说出"我想告诉所有像我一样从农村走出来的年轻人，只要肯努力拼搏，肯扎根耕耘，都能创造属于自己的未来"。

杨叔叔用自己的实际行动告诉我们，不管你的家境如何，只要你肯努力、肯拼搏，做到"敢闯敢试、敢为人先、埋头苦干"，你就一定能改写自己的命运。所以我们要像杨叔叔那样，要做到埋头苦干、不怕吃苦，不能懒字当头，一定要好好学知识、学技能。

从现在起，我一定会让"敢闯敢试、敢为人先、埋头苦干"成为我的行动，而不是一句空洞的口号。

抗洪精神让我知道了，遇到困难时，要万众一心，要不怕困难顽强拼搏才能取得胜利。我也知道了我们在平时就要和身边人团结起来，在别人遇到困难时，不要让他一人去面对，而是要带着身边人一起去帮助他、支持他，只有大家团结一心，互帮互助，才能战胜一切困难。

不怕困难，说的就是我们在遇到困难时，不要因为难就有畏难情绪，就想着放弃，而是要正视它、勇敢面对它。

2020年夏天，洪灾席卷了江淮大地。灾情就是命令，抗洪就是责任，武警安徽总队广大官兵闻令而动，不畏艰难险阻在抗洪大堤勇斗洪魔。在滁州支队的抗洪队伍中，有三名大学生哥哥正在用青春和汗水践行着军人的誓言，让我热血沸腾，感受到了"大爱"。他们分别是毕业于上海师范大学的岳一龙，就读于宁波大学艺术设计专业的张景强，以及就读于北京航空航天大学的关越巍。

岳一龙哥哥毕业后，不像其他同学一样找工作，而是进入军营，成为一名合格的战士。一开始，中队考虑到抗洪抢险是与时间赛跑，任务非常繁重，再加上岳哥哥腿上有伤，所以就决定让他留守后方。

没想到收到消息后，岳哥哥就主动向指导员提出"抗议"：在人民群众最需要帮助的时候，我怎么可以躲在后方？我的伤痛是小，可百姓的安全是大！一番软磨硬泡后，岳哥哥终于得到上一线的机会。在大堤上，岳哥哥和战友一起运送沙包，夜以继日抗洪，被沙石磨破了手掌，被烈日晒伤了皮肤，却丝毫没有怨言。

同在抗洪一线的是大学生士兵张景强哥哥，在和战友们扛沙包、下泥潭之余，利用休息时间，他充分发挥自己的优势，在临时驻扎的小学教室里绘画、创作，用一幅幅生动有趣的图画和一行行振奋人心的文字激励战友们顽强拼搏，努力战斗。

而入伍未满一年的列兵关越巍哥哥，在接到抗洪抢险的命令后，也义无反顾地跟随队伍奔赴其他县市，和战友一起铲土作业、打桩固坝，用年轻的肩膀扛起一方百姓的希望。

当别人还在尽情享受青春年华之时，三位哥哥面对的是艰苦的生活环境、繁重的体力作业、复杂的汛情情况、紧急的行动任务带来的考验，但在困难面前，他们从未有过一丝犹豫，他们用稚嫩的肩膀、年轻的双手，一点点堆砌起人们美丽的家园。他们"遇险不怕险，知难不畏难"，为人民群众挺身而出的精神，使我大受震撼。

"大雪压青松，青松挺且直。"从三位大学生哥哥的身影里，我读懂了"百折不挠"。现在学习遇到问题，我不会轻易泄气了，而是尝试看书寻找答案，与同学讨论，和老师研究最优解决思路。

说真的，共产党精神带给我很多，让我有了很多收获，也明白了很多。现在，我考得很好时，不再像以前一样骄傲，而是继续努力，希望下次能继续保持。当别的同学遇到困难时，我也会去帮助他。当我遇到困难时，也不再像以前那样不敢面对，而是去放平心态，想办法解决问题。我现在还会去做一些自己以前不敢做的事情来提升自己……

我相信，只要从小事做起，终有一天，我会成为优秀的共产党员的，也会为祖国与人民贡献属于自己的一份力。让我们一起学习、一起成长，一起拥有更多、更好的改变吧！

20　优秀党员给我的力量

周黄梓（11岁）

在我们的身边有这样一群人，他们乐于助人、肯于吃苦、甘于奉献、勇于拼搏……他们是一个个独立的个体，却有着一个共同的名字——中国共产党党员。

起初，关于共产党员的优秀和美好品质只停留在书本里、新闻里、别人的言语里，我无法体会。直到一次对身边共产党员的采访后，我才真正了解这个群体，并且打心眼儿里敬佩他们。

我的采访对象是张译尹姐姐，她是一名年轻的共产党员。张姐姐的家乡在浙江嘉兴，可她却在大学毕业后，毅然决然来到了当时条件还很差的通州湾示范区工作。虽然张姐姐年纪轻，可她始终把全心全意为人民服务放在首位，也把这一信念转化为实际行动，脚踏实地履行着她的责任。就这样，在短短的五年时间里，她先后获得了南通市质监工作先进个人、通州湾优秀共青团干部等多项荣誉。

张姐姐长期深入基层一线工作，十分积极主动。不论是清晨五点半的突击行动、晚上八点钟的现场检查，还是凌晨两点的流调问询，她始终没有怨言，不知疲惫、尽心尽力地完成工作任务。

在好多人印象里，张姐姐还是个"全能王"，大家都觉得奇怪："为什么你好像什么都会？"张姐姐回答："到了最一线，沟通的是最直接的需求，解决的是最实际的问题。我不是生来什么都会，只是每次遇到问题，我选择多学习、多留心，尽全力做到最好。"张姐姐这样的行为看似很"笨"，但是却很有成效。她坚守岗位、无私奉献的精神一直感动着我、感动着大家。作为学生，现在的我们正处在求知若渴的年纪，所以一定要向张姐姐学习，不怕吃苦、勤于学习。

张姐姐还是一名勇于担当的青年突击队员，在面对"急难险重"的任务时，她总是冲锋在前、迎难而上。

2021年4月30日，通州湾示范区突然遭遇了一场罕见的台风，风力高达十四级，树木被吹得东倒西歪，不少屋顶被掀翻，部分区域积水严重……半夜，张姐姐接到紧急通知后，立即从床上爬起来，第一时间赶赴现场，和同事一起去了解企业、群众受灾情况和存在的困难。风雨交加，低温刺骨，但她仿佛忘记了自己，一刻不停地走街串巷，一连工作十几个小时都没喊过一声"累"。最终，在像她一样的前线工作者的付出下，人们的生产生活很快恢复了秩序。

通过这件事，我看到了共产党员无私奉献的精神，以及共产党员是怎么用实际行动诠释责任与担当的。

热心公益也是张译尹姐姐一直在坚持的。在力所能及的情况下，她参与了贫困生一对一资助项目，结对资助一名贫困生完成高中三年学业。目前该学生已考入了一所高等院校。有人问张姐姐："你自己收入也不高，为什么要资助别人？"她说："我在党的领导下工作，有了稳定的收入，我很高兴能帮助到他人，为社会做出贡献。"

她的话让我大受触动，从现在开始，我也要像张姐姐一样热心公益，多为社会做贡献！现在的我还没能力资助别人，但是我可以从我做起，做一些力所能及的事儿。以前，在室外活动时，经常会看到地上被人丢得乱七八糟的垃圾，我从不理睬，有时还会踩上一脚。可现在，我认真学习了垃圾分类的知识，并且决定以后只要遇到垃圾，一定都要把他们分类送到垃圾桶里，绝不让它们破坏环境。

张姐姐让我对共产党员有了新的认识。原来他们是一群有信仰、有使命、有红心、有责任、有勇气、有贡献精神的人。作为新时代的好少年，我要向她学习，未来也把做一名光荣的共产党员当作自己的目标，并为此努力。当然，最重要的是一定要学习共产党员身上优秀的品质和精神。

其实我的身边不止张姐姐一位党员，我的爸爸也是。爸爸在通州湾示范区工作，每天都很忙碌。就是在这样的忙碌中，他身上的闪光点一一显露，比如工作时专心致志、严谨踏实；比如待人接物时，考虑周全、面面俱到；比如面对困难时，不屈不挠、永不言败；比如面对诱惑时，坚守底线、毫不动摇……这些也慢慢映照到了我的成长中，无声无息地影响着我。我现在不仅作业效率提高了，还更加积极主动，热爱生活，也有更多的时间去阅读了。

我还在书中认识了一位又一位优秀的共产党员，最令我印象深刻的就是我国著名的科学家钱学森爷爷。

1935年，钱学森爷爷怀着学习本领报效祖国的决心，踏上了去美留学之路。经过几年的努力，钱学森爷爷成为美国航天工程学家冯·卡门最得意的学生和助手，有着富裕的生活环境和优越的工作条件，可他一刻也没有忘记自己的祖国。

1949年，钱学森爷爷和十几名中国留美学生在加州理工学院附近的一个街心公园共度中秋佳节时，兴奋地谈起新中国成立的特大喜讯，商议着如何早日回国服务。尽管钱学森爷爷的想法是美好的，但是现实却是残酷的。

就在钱学森爷爷收拾好行李，整理好八百公斤重的书籍和笔记本，即将在美国的一处港口登船离开的时候，美国海关却非法扣留了钱学森爷爷的行李和书籍，移民局还通知他不得离境，只因美国不愿意看到一个世界一流专家回到"红色"的新中国。

就是这样也没能动摇钱学森爷爷的归国之心，即便是美国联邦调查局将钱学森爷爷关押在特米那岛上的拘留所进行残酷地折磨，他也没有一丝的动摇。后来，由于钱学森爷爷的抗议和友人的帮助，移民局不得不将其释放，但仍然对他进行监视，而他也和夫人蒋英奶奶继续采取各种方式进行抗争。

经过五年的不懈努力，钱学森爷爷终于踏上了回国的旅程，最终站在了中国这片故土之上。回国后，钱学森爷爷践行着学本领报效祖国的初心，克服重重困难，积极开展各项科研工作，让中国导弹、原子弹的研发至少向前推进了二十年。

原来，共产党员是热爱祖国、不屈不挠、坚守初心的，钱学森爷爷身上的品质令我感动，更让我敬佩！不管未来走到哪里，我的心里会永远装着我的祖国。

这样的人还有很多很多，他们有的纯真质朴、有的执着追求，还有的忠诚如一……虽然每个人都有不同的人生经历，但共同的一点是他们都有着共产党员为民服务的初心、艰苦奋斗的品质、无私奉献的精神、争做表率的决心和不屈不挠的作风。

我终于明白共产党员为什么这么优秀，为什么这么受人们喜欢了！